Lars Cohuwan
FRA, 15, XII. 03

Nachtgedanken
des heiligen Augustinus

Neunte Nacht
Die Weisheit Gottes im Reiche der Natur 149

Zehnte Nacht
Die Weisheit Gottes im Reiche der Natur,
Fortsetzung 165

Elfte Nacht
Die Weisheit des Menschen 179

Zwölfte Nacht
Die Rechte der Menschheit;
die Nächstenliebe 190

Dreizehnte Nacht
Die Rechte der Menschheit, die Nächstenliebe,
Fortsetzung 205

Vierzehnte Nacht
Die Rechte der Menschheit;
Liebe gegen den Lasterhaften 218

Fünfzehnte Nacht
Wohnsitz der Geister 230

Letzte Nacht
Erkenntnis seiner selbst und
Rückkehr zu Gott 244

Inhalt

Vorwort 7

Erste Nacht
Die kindliche Liebe 10

Zweite Nacht
Die zwei Leben 29

Dritte Nacht
Die Gnade 44

Vierte Nacht
Religion und Philosophie 59

Fünfte Nacht
Die Religion und die Liebe 83

Sechste Nacht
Die Religion und die Natur 98

Siebente Nacht
Die Vorsehung 117

Achte Nacht
Die Glückseligkeit 135

Neugesetzter, unveränderter Nachdruck der achten Auflage der
Verlagsanstalt G.J. Manz, Regensburg 1906 für
Fourier Verlag GmbH, Wiesbaden 2003
Umschlaggestaltung: Thomas Jarzina, Köln
Layout: Wolfgang Appun, München
Bildnachweis: AKG, Berlin
Gesamtherstellung: GGP Media, Pößneck
Printed in Germany

ISBN 3-932412-35-4

Nachtgedanken des heiligen Augustinus

unter Benutzung seiner Werke verfaßt

Aus dem Italienischen übersetzt von
Dr. W. Arnoldi, w. Bischof zu Trier,
und Mathias Heuser, w. Pfr. An St. Servatius zu Trier

fourierverlag

Vorwort

Für Gott und die Ewigkeit, für eine überirdische, glückliche Welt ist der Mensch geschaffen. Als Erdenbürger soll er durch möglichst große Vervollkommnung seiner selbst, durch Veredelung seines Geistes und Herzens, durch Heiligkeit in seiner Gesinnungs- und Handlungsweise das unvergängliche Erbteil des Himmels erringen. Auf die ewigen und unwandelbaren Güter soll er hienieden sein Hauptaugenmerk richten und sich unaufhörlich mit ihrem Erwerb beschäftigen. Christus ruft uns zu: „Suchet vor allem das Reich Gottes und seine Gerechtigkeit." Und der Apostel Paulus wiederholt den Ruf des Erlösers und spricht: „Suchet, was da oben ist, wo Christus zur Rechten Gottes sitzt. Trachtet nach dem Himmlischen und nicht nach dem Irdischen." Aber wie verkehrt ist nicht oft das Tun und Treiben der Menschen! Mancher läßt gerade dasjenige außer acht, was am meisten für ihn Not tut – nämlich die pflichtmäßige Sorge für seinen Geist. Mancher schließt sich so fest an diese Erde an, als sollte er ewig auf ihr bleiben, lebt nur der Welt und der Eitelkeit, der Sünde und Torheit. Und was bleibt ihm am Ende dafür? Ach! Nichts als Traurigkeit und Elend und Unruhe und Geistesleerheit. Darüber spricht vor beinahe dreitausend Jahren der weise König Salomo diese schönen Worte: „Ich übernahm große Werke, baute Paläste und pflanzte Weinberge, ich legte Gärten und Lustgärten an und besetzte sie mit Obstbäumen aller Art, ließ Teiche graben, um daraus die grünenden Lustwälder zu wässern; ich hatte Knechte und Mägde und besaß zahlreichere Herden von großem und kleinem Vieh, als alle, die vor mir zu Jerusalem wohnten; ich häufte Silber und Gold, und die Schätze der Könige und der Länder, schaffte mir Sänger und Sängerinnen an und hatte alles, was Menschen ergötzt. Ich übertraf an Größe und Reichtum alle meine Vorfahren zu Jerusalem. Nichts, was meine Augen wünschten, verweigerte ich ihnen, versagte meinem Herzen keine Freude. Da ich aber ansah alle jene Werke, siehe! da war alles eitel und nichtig. Unter der Sonne gibt es keinen bleibenden Gewinn." Pred. 2, 4 – 11.

Nur in Gott und für Gott leben und nach Maßgabe seiner Kräfte für die Ewigkeit wirken, nur das bringt Friede und Freude, Ruhe und Seligkeit; Entfernung von Gott und der Tugend stürzt in namenloses Unheil. Der gelehrte Kirchenvater Augustin, welcher lange in trauriger Verirrung der eitlen Lust gefrönt, hernach aber mit wahrer Herzensreue sich wieder zum Herrn bekehrt hat, spricht in seinen Bekenntnissen mit Wehmut: „Ich wich ab von dir, mein Gott! Und irrte und entfernte mich sehr weit von dir in meiner Jugend und ward mir selbst zu einem Lande bitterer Not. Oh der verkehrten Irrwege! Weh der verwegenen Seele, die da hofft, daß sie, von dir sich entfernend, besseres erfassen werde! Wie sie auch sich wende und kehre, rückwärts, seitwärts und vorwärts, alles ist Mühsal und Beschwerde. Nur du allein bist Ruhe."

Sinn und Herz des Menschen nun, so viel wie möglich, abzuziehen von dieser Erde, ihn hinzuweisen auf das Eine Notwendige, auf das pflichtmäßige Streben nach solcher Gerechtigkeit und Heiligkeit, wie sie das Evangelium fordert, ist der Zweck des Werkchens, welches hier in deutscher Übersetzung erscheint. Es enthält dasselbe, wie man beim ersten Anblicke leicht ersieht, höchst wichtige Betrachtungen und verdient daher, daß es oft und aufmerksam gelesen werde. Dazu ladet denn auch ein die gefällige Schreibart und der sanft ernste Ton, der durchgängig im Werke herrscht. Gebe Gott, daß jeder, der das Buch liest, es lese mit Nutzen, zur Belehrung des Geistes und zur Erbauung des Herzens!

Erste Nacht

Die kindliche Liebe

D a sind wir nun endlich auf dem Meere. Sanft spielen die Wellen, heiter ist der Himmel, günstig der Wind: alles verkündet uns eine glückliche Überfahrt. Nach wenigen Tagen, so es dem Allerhöchsten gefällt, werde ich in Afrika sein und meine Heimat wiedersehen. Immer ferner entflieht mir Italien; kaum unterscheide ich noch beim blassen Mondscheine die Küste, von der wir abgesegelt sind. Aber Italien ... oh Anblick ... oh Küste! Welche Rührung ergreift mich hier so plötzlich! Ha, wie der schlummernde Schmerz von neuem erwacht, und herber als jemals! Arme Menschheit! Vergebens also suchte der Verstand das Herz zu beschwichtigen und allen Gram aus demselben zu verbannen. Ich glaubte, sie sei verharscht die tiefe Wunde! Und sie öffnet sich und blutet von neuem. Ewiger Gott, welche Erinnerung! Ach! Der Geist ist zwar willig, aber das Fleisch drückt uns zu Boden. Ich sträube mich, ich will nicht; und dennoch fühle ich mein Angesicht von Tränen feucht, und unwillkürliches Schluchzen erstickt meine Stimme. Doch nur gar zu gerecht ist mein Schmerz. Dich, liebe Mutter, werde ich auf dieser Erde nicht mehr wiedersehen; du wirst nicht mehr in meiner Gesellschaft dein Heimatland besuchen. Ruhet sanft ihr erstarrten Glieder, leblose Hülle derjenigen, die mir das Leben gab; ich lasse euch zurück auf Italiens Boden!

Vergib, oh Gott! Vergib dem Herzen eines Sohnes diesen Erguß des Schmerzes. Du weißt, welch eine Mutter ich verloren habe. Dieses sterbliche Leben ist das wenigste, was ich ihr verdanke. Oh mit welcher Sorgfalt war sie unablässig bemüht, mich zum himmlischen Leben zu führen! Kaum dämmerte in meiner jungen Seele die Morgenröte der Vernunft, da lenkte sie schon die keimenden Triebe zu dir, mein höchstes Gut. Oh wie oft des Tages lallte ich, nachahmend die mütterliche Stimme, deinen anbetungswürdigen Namen in kindlichen Tönen! Wie oft wiederholte ich, ohne dich zu kennen, was ihre Lippen mir vorsagten, und versprach in kindlicher Unbefangenheit, dich stets zu lieben, dich nimmer zu verlassen! Treuloser! Wo sind diese so gerechten Gelübde? Ich wuchs heran und ward mit zunehmenden Jahren ein ganz anderer, als ich sein sollte. Sie streute ohne Unterlaß den köstlichen Samen der schönen Tugend in mein Herz; aber sie streute denselben auf ein undankbares Erdreich. Jeden Kunstgriff versuchte die mütterliche Zärtlichkeit, die Liebe zu deinem heiligen Gesetze in mir zu erwecken, aber vergebens. Und wie sie mich von dir entfremdet sah und umstrickt von heilloser Irrlehre, da wurden ihre Augen zwei heiße Tränenquellen. Nie hat wohl eine Mutter soviel Tränen geweint am Grabe ihres einzigen Sohnes, als sie über den Untergang meiner Seele vergoß, die im

Laster erstorben war. Die ganze Zeit – und viele Jahre währte es – daß ich mich immer mehr von dir entfernte, nahm ihr Herzeleid kein Ende, wie wenn sie nicht mehr den Sohn, sondern nur seine Leiche vor Augen gehabt; dir allein sind sie bekannt die tiefen Seufzer dieses jammervollen Herzens. Kein Tag verging, an dem sie nicht zweimal aus frommem Triebe in deinem hehren Tempel erschien. Während dort das schuldlose Opfer das der Welt das Leben gab, dargebracht wurde, opferte sie dir zugleich ihre Gebete und ihre Seufzer für meine Rettung. Sei es, daß sie begierig auf das Wort des Oberhirten horchte, der dem Volke das Brot des Lebens brach, oder, daß sie in sich gekehrt, in heiliger Stille die ewigen Wahrheiten betrachtete: Immer hatte sie mich vor Augen, flehte sie für mich um Erbarmen, um Vergebung und Beistand. Nie erschien die Morgenröte, nie breitete die Nacht ihre schwarzen Schatten über die Erde aus, daß sie nicht stundenlang im stillen Kämmerlein vor dir auf den Knien lag. Da nannte sie meinen Namen unter Schluchzen und Tränen und rief deine Erbarmung an über meine Missetaten. Von ihren Tränen war stets der Boden angefeuchtet. Mit welcher Zudringlichkeit hat sie die heiligsten und die gelehrtesten deiner Diener, sie möchten mich doch befreien von den Irrtümern jener unsinnigen Lehre, deren tödliches Gift ich im Herzen trug! Und eine solche Mutter sollte ich undankbar vergessen können? Nein, oh teure Mutter! Nie werde ich vergessen deine kummervolle Liebe, deine ängstlichen Sorgen, das bittere Herzeleid um meinetwillen und dein immerwährendes Streben, mich zu Gott zu führen.

Immer werde ich jenes Tages gedenken, da ich dich unmenschlich an der Küste von Afrika verließ. Arme Mutter! Was sie nicht versuchte, was sie nicht in diesem schmerzlichen Augenblicke alles sagte, um wenigstens so viel von mir zu erhalten, daß sie mich begleiten durfte!

Die Seele, bedeckt mit tausend häßlichen Wunden, das Herz gefesselt von den harten Banden meiner vieljährigen Sünden, den Geist geblendet durch die todbringenden Irrlehren der manichäischen Gottlosigkeit, und fern von Gott, nahm ich die Richtung Rom, wohin meine Ehrfurcht mich lockte. Mit meiner Krankheit war es soweit gekommen, daß ich sie nicht mehr fühlte. Aber wohl fühlte sie die Mutter, welche bei meiner Entfernung trostlos alle Hoffnung zu meiner Besserung aufgab. Von der Liebe beflügelt, begleitete sie mich bis ans Meer; und wie sie nun alle Hoffnung verschwinden sah, daß ich meinen Sinn ändern würde, da bat und beschwur sie mich, jammernd und trostlos, ich möchte sie doch auf die Reise mitnehmen. Es war Abend und da ich eben ihre Frömmigkeit, sie zu täuschen, in dem ich mich anstellte, also wollte ich ihrer Bitte willfahren. Ich versprach ihr, bei Tagesanbruch würden wir absegeln, sie möchte indes die Nacht in frommen Gebeten bei dem Grabmal des großen Cyprian durchwachen. Sie glaubte mir, und mittlerweile segle ich ab und stehle mich von ihr weg. Wie ihr zu Mute war, als sie bei anbrechendem Morgen den Hafen erreichte und mein Schiff nicht mehr erblickte, das weist du allein, ewiger Gott! Der du ihre zärtlichen Klagen und ihr Flehen,

13

wovon das Gestade ertönte, gehört hast. Mir ist, als sähe ich sie bleich, verlassen, das Haupt zur Erde gesenkt und ganz verloren in traurige Gedanken, langsamen Schrittes nach Tagaste zurückkehren und dort trübe Tage und bittere Nächte in Kummer verleben, immer neue Gelübde weihend für das Heil des unglücklichen Sohnes.

Noch ist mir, als säh´ ich sie, wie sie endlich voll männlichen Mutes ihr Vaterland verließ, und auf mühsamen Wegen mich bis an die äußerste Grenze Italiens aufzusuchen kam. Man denke sich ihre Freude, als sie, angekommen in der bischöflichen Stadt des großen Ambrosius mich von der manichäischen Raserei geheilt fand, wiewohl ich noch kein Christ war. Und welch ein Tag war es für sie, da sie mich, bekehrt zu dir, du Urquell des Lebens, mit meinem Sohne Adeodatus wiedergeboren sah durch die heilige Taufe! Oh da waren alle ihre Wünsche hienieden erfüllet. Wohl hast du mir dieses später gesagt, du teure Mutter! Und immer noch denke ich an die Umstände jenes Gespräches. Wir waren auf unserer Reise nach Afrika zu Ostia angekommen. Dort, an einen Balkon gelehnt, der uns die Aussicht auf einen Garten gewährte, unterhielten wir uns und das Gespräch fiel auf die ewigen Güter, die uns im Himmel erwarten. Stets werde ich sie im Herzen bewahren diese letzten Worte, womit unser Gespräch sich endete. „Mein Sohn" – so sprachst du damals mit einem Angesichte voll himmlischer Hoheit — „was mich betrifft, so hat nichts mehr Reiz für mich in diesem Leben. Alle meine Hoffnungen in dieser Welt sind erfüllt, und ich weiß nicht, warum ich noch hier bin und was ich hier machen soll. Ehe ich in das dunkle Grab hinabsteige, verlangte ich dich noch als Christ zu sehen. Aber über meine Hoffnung hat mir Gott dieses gewährt. Ich sehe dich nicht nur als Christ, sondern auch als einen solchen, der mit gänzlicher Verachtung der irdischen Güter nach der höchsten Vollkommenheit christlicher Tugend strebt. Nun bleibt mir nichts mehr übrig, als im Frieden die Augen zuzuschließen."

Ich kann mich nicht mehr besinnen, was ich hierauf geantwortet; doch weiß ich, daß du gerade nach fünf Tagen an jenem Fieber erkranktest, welches in Zeit von neun Tagen dich mir entriß. Und damals, als du, schon ganz erliegend der heftigen Krankheit, und dem Tode nahe, mühsam dich umkehrtest, um mich unter den Umstehenden zu suchen, bedeckt mit Todesblässe, mit mattem Blicke, mit sterbenden Augen, die Stimme heiser, schwach, gebrochen ... ach, das Herz schwillt mir, der Schmerz beklemmt mir die Brust ...

Weine Augustin, denn du hast Ursache zu weinen! Eine Mutter hab´ ich verloren, wie es wenige gibt, und zu einer Zeit, da ich kaum angefangen, sie zu kennen, und ihr dankbar zu sein. Vergib, oh du teure Mutter! Ach, der Tod hat uns getrennt, und nur der Tod soll mich dir wiedergeben. Du wohnst, als reiner Geist, in den unermeßlichen Regionen der Ewigkeit; und ich verwaist und trostlos in diesem elenden Verbannungsorte. Teure Mutter! Wiewohl fern von mir, bist du dennoch stets mir gegenwärtig. Ich sehe, ich betrachte dich im Geiste und im Innern vernehme ich deine liebliche

Stimmen und vor allem jene letzten Worte, die du gesprochen.

Doch was beginn´ ich Unbesonnener! Mit diesen Worten errege ich nur noch mehr diesen Schmerz, den ich besänftigen sollte.

Vater im Himmel, von dem allein jeder wahre Trost herabkommt, du meine Liebe, du Liebe meiner Mutter! Womit kann ich ihr anders denn vergelten, als mit nutzlosen Klagen? Du allein kannst ihr helfen, du allein, in dessen Händen die Seelen der Lebendigen und Abgestorbenen sind! Gib Ruhe ihrer Seele, gib Frieden deiner Dienerin! Für sie flehe ich um Erbarmen bei dem allversöhnenden Blute deines geliebten Sohnes. Du weißt, daß auf ihm ihre ganze Hoffnung beruhte; du weißt, wie dringend sie wenige Tage vor ihrem Hinscheiden mir anempfohlen, bei dem heiligen Opfer ihrer stets zu gedenken. Ich weiß, daß sie, solange sie hienieden weilte, deine unschätzbare Liebe beständig im Herzen trug; ich weiß, daß dein tadelloses Gesetz ihre stete Wonne war. Aber sie war ein Kind Adams, in Fleische bekleidet und in Sünden empfangen; und dieser Gedanke allein erfüllt mich mit Schrecken, und ich bebe vor deinen ewigen Gerichten. Behaupten darf ich es nicht, daß sie seit ihrer Taufe kein Wort geredet, das dir mißfällig gewesen. Vor deinem Blicke sind die Himmel nicht rein; und dieser unreine Schlamm sollte sich einbilden, ohne Makel zu sein? Ach! Wenn uns deine Barmherzigkeit nicht schützte vor deinen Strafgerichten, oh Gott, was würde aus uns werden!

Ohne zu erwähnen der heiligen Werke deiner Dienerin, wofür ich dir danke, indem es deine Gaben sind, flehe ich um Erbarmen über ihre Sünden. Hat sie dich jemals beleidigt, oh Herr, so vergib, verzeih' ihr, die du von dieser Erde abgerufen hast! Auch sie hat immer von Herzen ihren Beleidigern vergeben! Wenn sie dennoch eine Schuldnerin deiner Gerechtigkeit ist, so möge deine Milde, deiner Verheißung gemäß, sie erledigen. Nimm an das unermessliche Lösegeld, das unser göttlicher Mittler schon für sie bezahlt hat, und welches sie durch den Glauben sich zugeeignet hat.

Aber welcher süße Gedanke steigt mir da in der Seele auf und verscheucht auf einmal alle düsteren Wolken? Ein ungewohntes Licht erfüllt meine Seele, erheitert den Geist und verbannt die Furcht. Auf jenen Sturm beunruhigender Gefühle zeigt sich der Regenbogen des Friedens, die süße Hoffnung. Gütiger Gott! Nur ein milder Blick von dir kann diese Umänderung bewirkt haben! Wohl kenn' ich sie, die anbetungswürdige Stimme, die mir sagt, daß meine Mutter aufgenommen sei in die ewige Ruhe. Dich, du Gott der Liebe, der du unsere Schwachheit kennst und so gern die Schätze deiner unendlichen Erbarmung über uns ausschüttest, dich erkenne ich, dir danke ich, dich bete ich an! Wer kann zählen deine Erbarmungen? Wer ist dir gleich im Verzeihen? Wohl erfährt dieses, wer immer demütig und zerknirscht vor dir erscheint. So erhebet euch denn weit über die Erde, ihr meine Gefühle der Dankbarkeit, der Liebe, der Reue, des Schmerzes: ein würdiger Gegenstand zieht euch an! Es ist nicht mehr die irdische, die verblichene Mutter, es sind nicht mehr diese aufgelösten Glieder, die euch an diese Erde fesseln. Zum Himmel erhebt euch, zum Himmel, dem alles angehört.

Oh du, der du, selbst unwandelbar, alles lenkest, du nach Zeit und Raum unbegrenztes Wesen, du, den ich vor mir habe, und doch nicht sehe, den ich bewundere, und doch nicht erblicke, den ich liebe und nicht begreife, den ich als den ermeßlichen, Ewigen anbete! Zu dir wende ich mich, oh mein Wohltäter, mein Vater! Mein Gott! Du bist der Urquell, dem ich entquollen, und das Meer, in welches ich wiederkehre. Du hast in deiner Weisheit alles erschaffen, und mich hast du gebildet einzig für dich. Und oh mit wie vielen Stimmen rufest du mich zu dir! Das unermeßliche Schauspiel deiner Geschöpfe, die du meinem Blicke darstellst; so viele Schönheiten, die mich von allen Seiten umgeben, verkünden mir deine Größe, deine unermeßliche Schönheit. So viele Geschenke, womit du mein Leben kröntest, waren mir eben so viele Versicherungen deiner Huld und Liebe. Die Anlagen meines Geistes, die Gefühle meines Herzens sind eben so viele Flügel, auf denen ich mich zu dir erschwingen sollte. Dieser ganze große Schauplatz deiner Herrlichkeit flößte mir Liebe, Anbetung, Ehrfurcht, Gehorsam und Glauben ein. Ich aber zollte dir nicht diesen Tribut und machte mich dem Tiere gleich blind und taub. Seit meinem sechzehnten Jahre lebte ich nicht mehr mit dir, sondern der Lüge, der Sünde, der Schuld, die ich zu meinem Götzen machte, und zu deren Dienst ich mich erniedrigte. Vergebens rief dein ewiges Gesetz, welches du mir ins Herz geschrieben, vergebens dein heiliges Wort; umsonst waren die Drohungen, mit welchem du durch deine innerliche Stimme mich zu erschüttern suchtest. Die niedrige Luft hatte mich ganz eingenommen. Oh Gott! Ich kann daran denken und noch leben!

Ihr unschuldigen Tiere, steht hier ein Ungeheuer, wie unter euch keines zu finden ist? Ihr munteren Vögel, die ihr beim Anbruche der Morgenröte die betauten Flügel schwinget und den jungen Tag mit Gesang begrüßet; sanfte Lämmlein, die ihr auf grünender Au hüpfend eure Nahrung suchet; und ihr Bewohner des Meeres, das ich durchschiffte: ihr lobet Gott in eurer Sprache, ihr gehorchet eurem Schöpfer. Und ihr, Wirbelwinde, Sturm und Regen, Schauer, Hagel, Blitze und Ungewitter, stets vollbringet ihr den Willen eures Schöpfers, den ihr nicht kennt. Und ich, der ich ebensowohl, wie ihr, sein Geschöpf bin, der ich seine höhere Majestät erkenne, der ich durch tausend euch unbekannte Geschenke von ihm abhänge und berufen bin, einst an seiner Glückseligkeit teilzunehmen, – erschaudert vor mir, ich habe ihn verachtet. Und dies war nicht etwa ein vorübergehender Wahnsinn von wenigen Augenblicken. Zwölfmal bekleidete der Zephyr mit neuem Laub die Bäume, zwölfmal verwüstete der rauhe Nord die Gefilde, während ich immerfort mit neuer Schmach meinen Schöpfer reizte. Ewiger Gott; wie kann ich anders diese Schuld tilgen, als indem ich seufzend deine Wohltaten und mein Unrecht vergleiche und dir voll Betrübnis und Zerknirschung den bitteren Schmerz zum Opfer bringe, der jetzt meine Seele foltert! Im dritten Jahre, seitdem ich, hingegeben dem Verderben der Wollust, immer weiter von dir mich entfernt hatte, ging das ansteckende Gift aus dem Herzen in den Verstand über. Es umwölkte, es verdunkelte sich in mir das heilige Licht der Vernunft und des Glaubens; allmählich verlor ich die übersinnlichen Dinge aus den Augen. Und nun erblindet, weiß ich mir nichts anderes mehr vorzustellen, als die Erde. Der fleischlich gewordene Geist erhebt sich nicht mehr über die niedrigen Dinge. Während ich so im Finstern aus einem Abgrunde in den anderen stürzte, sättigte ich den stehenden Lachen, in die ich mich vertiefte, meinen Durst mit jenem Wissen, das aufbläht und zum Toren macht. Währen der tierische Mensch, auf den Gesichtskreis seiner Sinne beschränkt, sich übermütig erdreistet, mit seinem kurzen Maßstabe die göttlichen Dinge zu messen, erniedrigt er sie, indem er sie auf seinen engen Kreis beschränkt ... So fiel ich Unglückseliger in die Lästerungen der Manichäer. Gleich wie ein Mensch, von der Fieberhitze befallen, die sonderbarsten Traumgebilde verfolgt und im Wahnsinn sich für gesund hält: so freute ich mich meiner eigenen Torheit, als wäre sie hohe Weisheit, und wie von Wahnsinn befallen, führte ich offenen Krieg gegen meinen Gott. Ich leugnete und bekämpfte seine unendliche Macht, seine Oberherrschaft über das Weltall: betrogen und wieder betrügend werfe ich mich zum Lehrer und Verteidiger der ruchlosen Torheit auf. Dir, oh Herr! Bekenne ich diese meine Schandtaten, nicht um dir zu sagen , was du schon weißt, sondern um meine Schwachheit zu zwingen, das sie anerkenne, wer ich bin und wer du bist.

Und was tatest Du, oh Gott der Güte! Während ich in meinen Sünden alterte, von Tag zu Tag schlimmer wurde und größere Schulden anhäufte? Wuchs etwa mit jedem Tage auch dein gerechter Zorn, mir Strafe und Rache bereitend? Überließest du etwa, aufgebracht über meinen niedrigen Verrat, mich deinem Zorne, um mich als ein unglückseliges Schlachtopfer der ewigen Strafe preiszugeben? Es stand in deiner Macht und du hättest gerecht gehandelt, und Himmel und Erde hätten dir Beifall gejauchzet, wenn deine Hand mich niedergestürzt hätte. Aber deine Güte, oh Gott! Ließ das nicht geschehen. Wie kann ich dir genug danken für diese Erbarmung? Eine vieljährige Undankbarkeit konnte dich nicht ermüden. Da ich schuldbeladen, treulos und unbekümmert um deine väterliche Zärtlichkeit dir entlaufen war, da gingst du mir sorgfältig nach und hörtest nicht auf, mich zu lieben. Wohin ich mich wende, da wacht über mich deine milde Barmherzigkeit und bedeckt mich stets mit ihren Flügeln und geleitet mich voll Langmut und Liebe auf demselben Pfade, der mich in den Tod geführt, zu meinem Heile.

Dem Phantasiegebilde irdischen Ruhmes von Stadt zu Stadt nachjagend, verkaufte ich meine unnützen und leeren Wortklaubereien unter dem schönen Namen Beredsamkeit. Unnütze Kunst, wenn sie nicht Dienerin der Wahrheit ist! Aber du, der du meine Schritte von Tagaste nach Karthago, von Karthago nach Rom, und von da ins Herz Italiens lenktest, führt mich dahin, wo das Werk deiner Liebe soll vollendet werden. Wie weise und sorgfältig ordnest du dazu alles, entfernest alles, was deiner Absicht im Wege stand. Ich gehe zur See, um nach Italien zu kommen; und du zügelst gütig die Winde, beschwichtigest die Wogen, lenkest das Schiff, und führst mich ans Ufer. Zu Rom erkrankt, flehe ich weder deine Gnade an, noch verlange ich nach dem heilsamen Bade, um abzulegen die Schandflecken meines abscheulichen Lebens. Dennoch hieltest du von mir ab die Sichel des Todes, verscheuchtest die Krankheit, gabst mir meine vorige Gesundheit. Wo, ach, wo wäre ich jetzt. Wenn ich damals dieses Leben verlassen hätte; einzig trachtete ich, das Ziel meiner Wünsche zu erreichen; aber du wendetest mit verborgener Kunst selbst dieses mein Streben zu meinen Zwecken. So führtest du mich durch mancherlei Ereignisse, in denen ich nichts sah, als was der Kurzsichtige Zufall nennt, zum Seelenhirten Ambrosius. Schon war mir sein Name – dir sei es gedankt! – durch das Gerücht bekannt. Du erregtest in mir den Wunsch, ihn zu hören, wie er in der Versammlung deines Volkes dein heiliges Wort erklärt. Und während ich, angezogen von dem hohen Rufe seiner Beredsamkeit, aufmerksam die Einkleidung seiner Worte aufnehme, bewirkest du, daß ich auch den Sinn deiner Wahrheit einsauge. Der katholische Glaube fängt schon an, mir zu gefallen, schon leuchtet mir zum Teil seine Wahrheit ein; sein hohes Ansehen nimmt mich ein, ich gewinne ihn lieb. Aber mein Herz ist noch in Banden, mein Wille gefesselt. Vergebens strenge ich mich an, ihm entgegenzukommen; die mich beherrschende Lust und eingewurzelte Gewohnheiten halten mich gefesselt, und ich weiß nicht, wie ich mich dagegen sträuben, wie ich mich losreißen und mich in Freiheit setzen soll. Zu stark sind meine Bande, und zu sehr liebe ich sie. Doch du bereitetest mir inzwischen meine Freiheit. Du riefst mir ins Andenken deinen Diener Simplician und gabst mir den Gedanken ein, zu ihm zu gehen. Dem Simplician gabst du es ins Herz, daß er mir die Geschichte des Victorinus mitteilte. Er erzählte mir, wie dieser große Philosoph deiner Stimme gehorchte und sich zu dir bekehrte. Schon beginn´ ich zu erwachen, schon fühle ich deine Hand, die mich berührt; aber ich schüttle meinen Schlaf noch nicht ab. Da sandtest du mir den guten Pontitian. Dieser Hofmann, dir so teuer und treu, hatte bloß die Absicht, mich zu besuchen; doch kam er als Diener deiner Erbarmung. Zufall schien es, daß ich eben das heilige Buch deines Apostels Paulus vor mir hatte; aber es war nicht Zufall, es war deine Vorsehung. Daraus entnahm dein treuer Diener den Inhalt seines frommen Gespräches. Hierauf leitetest du ihn auf die Erzählung der Taten deines heiligen Antonius, des Vaters und Meisters so vieler anderer Heiligen in den ägyptischen Wüsten. So stelltest du mir vor Augen den leuchtenden Wandel, die erhabenen Tugenden dieser großen Seelen, die aus Liebe zu dir sich von der menschlichen Gesellschaft trennten, um dir allein zu dienen. Zuerst erwachte in mir Bewunderung, dann Scham. Beim hellen Glanze dieser so schönen Beispiele erkenne ich meine Häßlichkeit. Ich erschaudere, aber ich vermag es noch nicht, sie abzustreifen; ich habe noch nicht den Mut, diesen Helden nachzuahmen. Nach dem Ratschlusse deiner Weisheit, die seine Rede lenkte, ging der gute Pontitian zu einer anderen Erzählung über und trug mir eine Begebenheit vor, wovon er selbst Zeuge war, als er den Kaiser nach Trier begleitete. Zwei seiner Gefährten, die in der Zelle eines deiner Einsiedler das Leben des Antonius gelesen hatten, entschlossen sich augenblicklich, den Hof zu verlassen, ihre jugendlichen Bräute und alles, was die Welt ihnen gegeben hatte, oder noch versprach, und an diesem nämlichen Orte in Niedrigkeit und Dunkelheit nur dir allein zu leben. Ihre heldenmütigen Bräute, die so willig diese hohe Tugend nachahmten, daß sie sogleich das Gelübde taten, nie einen anderen Bräutigam zu haben, als dich, waren der Pfeil, womit endlich deine huldreiche Hand mich traf und festhielt. In diesem Spiegel des hohen Wertes anderer sehe ich immer deutlicher meine Häßlichkeit, die schwarzen Flecken, die ekelhaften Wunden, die mich ganz bedecken. Ich erschaudere, werde mir selbst unerträglich, entzweie mich mit mir selber, schäme mich, entbrenne, klage mich an, verdamme mich, und schleudere tausend quälende Vorwürfe gegen mich und meine frühere Ruchlosigkeit. Es erwachte in meinem Innern ein wildes Gefühl widerstreitender Begierden, es entzündet sich ein Kampf zweier entgegengesetzten Willen. Ich will das Gute, schon will, schon gebiete ich mir selbst, ihm mutig zu folgen; aber mein träger Wille, an das Böse gewohnt, widerstrebt hartnäckig und reißt mich rückwärts zu dem verhaßten Bösen. Schon erhebe ich mich und mit angestrengter Kraft und hohem Mute eile ich jenen nach, die ich bewundere. Aber von neuem sinken meine Kräfte, meine eigene Schwäche und die schwere Last der gewohnten Bande drückt mich zu Boden, hält mich gefangen, unmächtig und kraftlos sinke ich zurück in meinen vorigen Zustand. Und dennoch knirsche ich mit den Zähnen, reiße mir die Haare aus, schlage wütend mir vor die Stirn und umfasse mit beiden Händen meine Kniee, als wollte ich jeden Augenblick das alte Joch abschütteln.

Da trat mitten in diesem Kampfe von der einen Seite der Schwarm niedriger Lüste, die mir einst so teuer waren, entgegen; von der anderen Seite aber im leuchtenden Gewande, in Himmelsschöne die hehre Keuschheit. Mit gewohnter Schlauheit begannen jene ihrer alten Schmeicheleien und Liebkosungen und riefen im kläglichen Tone mir zu: Also willst du uns verlassen? Also auf immer von uns scheiden? Wirst du leben können ohne uns? – Diese hingegen umgeben von der Schar edler Freundinnen, reichte mir in majestätischer Haltung und doch freundlich die keusche Hand und lud mich liebevoll ein, ihr zu folgen.

Während so der heftige Kampf unentschieden tobte und ich bittere Tränen vergoß, gefiel es dir einen neuen Beistand mir zu senden durch jene Stimme, von der ich bis auf diese Stunde nicht recht weiß, woher sie kam. Es war wie der Gesang eines spielenden Kindes, welches die Worte wiederholte: „Nimm und lies! Nimm und lies!" Während diese Worte mein Ohr berührten, vernahm ich in meinem Innern eine andere Stimme, die mich belehrte, daß dieses ein Wink sei von dir. Ich halte nun meine Tränen zurück und gehorche. Ich eile an jenen Ort, wo ich das Buch deines Apostels Paulus zurückgelassen hatte. Ich nehme es auf, öffne dasselbe, und lese, was mir zuerst vorkommt, und da finde ich die Worte: Anständig, wie es am Tage sich geziemt, lasset uns leben, nicht in Nachtschwärmen und Trinkgelagen, nicht in Unzucht und Hurerei, nicht in Zank und Neid! Sondern ziehet den Herrn Jesum an und pfleget den Leib nicht zu Gelüsten.

Weiter las ich nicht, und wollte auch nicht weiter. Diese deine Aussprüche verscheuchten, gleich einem himmlischen Lichte, auf einmal alle meine Zweifel. Zerstreut und zerstoben wurden meine Feinde, zur Erde fielen die schweren Ketten meines sklavischen Willens, und frei und ungehindert im Gebrauche meiner Kraft finde ich mich mitten auf dem Schlachtfelde und ergebe mich ganz an dich. So endete der Kampf, den du erregt hattest zu meiner Befreiung; so der Krieg, den ich so lange Zeit gegen deine Barmherzigkeit geführt.

Du hast gesiegt, oh Herr! Dir gebührt der Triumph! Sieh´, von diesem Augenblicke an bin ich deine Beute, deine Eroberung. Aber welche Eroberung, oh mein Gott! Welche Beute! Was hast du in diesem langwierigen Kampfe, mit diesem deinem Siege endlich bezwungen? – Einen Wurm – ; und einen Gott habe ich bekriegt! Für mein Heil hast du also gekämpft; einzig, um mich zu beglücken, hast du so viele Jahre hindurch mit allen Künsten deiner göttlichen Liebe mit umlagert! Also hattest du bei diesem Kampfe keine andere Absicht, als mich in deinen Schoß zu führen, mir deine Liebe zu-schenken, deine Güter, dein Reich, und mich ewig bei dir zu haben in dem Genusse einer Seligkeit ohne Ende!

Also um einen solchen Kranken zu heilen, duldetest du meine Widerspenstigkeit und die boshaften Beschimpfungen! Und warst so besorgt, mich glücklich zu machen! Und wolltest nichts, als Liebe und verlangtest nichts, als mein Herz — und dieses alles zu meinem Besten, und verlangtest dasselbe von mir, wie ein Dürstiger — du Gott, und ich ein Wurm! Und ich Erdwurm konnte dir's versagen, dir, meinem Gott! Und du vergaßest diese meine großen Missetaten gänzlich und nahmst mich auf in deinen Schoß mit zärtlichen Liebkosungen und fandest die so große Langmut durch eine solche Eroberung hinreichend vergolten, und nimmst meine Liebe an, wie spät ich auch dieselbe dir reiche, und löschest in dem Augenblicke, da ich mich dir ergebe, alle meine Vergehen aus. Oh mein Wohltäter! Oh mein abscheuliches Herz! Welche Vergehen! Oh Gott … oh Langmut! Oh Liebe! Herr, du hast gesiegt! Siehe, da bin ich, dein bin ich auf ewig. Nichts anderes will ich, als was ich früher nicht wollte; kein anderes Verlangen habe ich, als dich zu lieben. Oh Herr, du hast gesiegt! Hier liege ich zu deinen Füßen als ein Gefangener, der demütig um Gnade fleht. Nur um diese Gnade flehe ich, daß ich dich lieben möge, dich, mein Leben! Daß ich dich allein, dich immer lieben möge, und mit einer Liebe, die wenigstens dein nicht unwürdig sei. Ach, zu spät erkenne ich dich, du unendliche Schönheit, du höchstes Gut! Jetzt sehe ich es ein, daß es in der Welt kein Elend gibt, als dich nicht zu lieben, der du allein unserer ganzen Liebe würdig bist, du teurer Schatz, du Kleinod meines Herzens; alles außer dir ist mir nichts mehr. Als ein armes Geschöpf, für dich erschaffen, werfe ich keinen Blick, keinen Gedanken mehr auf mich. Ganz bin ich dein; nichts behalte ich mehr als Eigentum zurück. Ich verabscheue die Ruchlosigkeit, womit ich dir bisher meine Liebe entzogen habe. Du allein bist für mich, und ich bin einzig für dich.

Herr! Aus Liebe hast du so vieles von mir erduldet, und verzeihest mir jetzt so viel, und bewahrest mir so große Güter im Himmel auf: Und ich sollte dich nicht lieben? Ich sollte … Doch nein, oh mein Gott! Deine Gaben sind nicht der Grund meiner Liebe. Ich liebe dich in deinen Gaben, denn in diesen erkenne ich meinen Gott. Oh höchstes Gut, ich liebe dich, weil du in dir selbst liebenswürdig bist, weil du die höchste Liebe verdienst; ich liebe dich, weil du bist, der du bist. Ich liebe dich um deiner selbst willen; ich liebe dich auch ohne deine Geschenke. Ich liebe dich um deiner Liebe willen, und dieser möchte ich alles, das Höchste und Beste, was ich besitze, hingeben. Herr! Du siehst es, meine Sprache verstummt, ich finde keinen Ausdruck mehr; aber mein Herz verstummt nicht. Du weißt, was ich empfinde, und was ich nicht auszusprechen vermag. Ich liebe dich, oh mein Gott! Aber das Herz ist mir zu enge für eine solche Liebe und mein ganzes Wesen ist zu schwach, dieselbe in ihrer ganzen Größe zu umfassen. Darum verlasse ich diese engen Schranken und versenke mich ganz in dich und verwandle und verliere mich in dein Wesen, du mein Schöpfer, alles Guten Urquell! Du meine Liebe, mein Gott!

Zweite Nacht

Die zwei Leben

Während die Sonne am Himmel, fern von uns, diese Gegenden dem nächtlichen Dunkel überläßt, komm´ du oh ewige Sonne, und bringe dein Licht in diese Seele. Laß in ihr Glänzen das heilbringende Licht der Weisheit, von welchem wir Wärme und Leben empfangen. Fern von mir verscheuche die Finsternis der Unwissenheit und des Irrtums. Enthülle mir deine erhabenen, heiligen Wahrheiten, die als treue Leuchte meine Schritte leiten, um in deinen Schoß mich hinzuführen.

Mein Schiff segelt Afrika zu; jeden Augenblick bringen mich die Winde näher an jene Küste. Aber, Aurelius, dieses Land ist nicht das selige Gestade, welches du suchest; Afrika ist nicht das Ziel deiner Reise. Und was sind wir wohl anders hienieden, als irrende Geister? Du bist, oh höchstes Gut, das Ziel unseres Wollens. Jede Stunde ist ein Wind, eine Welle, die mich meinem Ziele näher bringt, wenn ich nur zu ihm mein Fahrzeug lenke, und die mich von ihm entfernt, wenn mein Herz eine andere Richtung nimmt. Wo ich auch immer hinsteuern mag, wenn ich mich von dir entferne, so lande ich an der berüchtigten Küste von Tauris, wo man ohne Schonung die Fremdlinge einer falschen und grausamen Gottheit opfert. Ich gehe nur sicherem Tode entgegen.

Laßt uns befreien unseren Geist von den Täuschungen der Sinne, entfernen von ihm diese unermeßliche Menge von sichtbaren Dingen, die ihn in ewiger Zerstreuung hinhalten, das er sich stets ein Fremdling bleibt. Was ist der Mensch? Ein Wesen, geschaffen zu erkennen, zu lieben das ewige unendliche Wesen, seinen Schöpfer. Das ganze weite Weltall, alle sichtbaren Geschöpfe, die so vielfach seine Gedanken und sein Herz beschäftigen sind für ihn nur fremdartige Dinge. Und solange er auf Erden lebt, ist es nicht die Erde, die ihn beschäftigen, die seine Sorge und sein Gedanke sein soll.

Denkt euch ein Kind, geboren fern von dem Vaterlande seines hohen Geschlechtes, wo es große Schätze besitzt und einen Thron erben soll. Sobald es sein Alter gestattet, tritt es die Reise zur Heimat an; aber kaum hat es sie einige Tage durch liebliche Fluren fortgesetzt, da vergißt es, gefesselt von dem reizenden Anblicke des Landes, die Sehnsucht nach dem väterlichen Reiche und die Liebe zur Heimat, baut sich eine Hütte und läßt sich da nieder. Mensch, du bist das unverständige Kind. Brich auf aus der niedrigen Hütte, welche dich auf dem Wege aufhält. Diese fruchtbeladenen Bäume, die du siehst, diese reichen Wasserquellen dienen dir zur Erquickung auf dem Wege; aber sie sind nicht die Schätze deines Vaterlandes. Dorthin richte deinen Lauf. Wenn du dich hier verweilst, so wird der nahe Winter die Quellen mit schweren Eismassen bedecken, die Felder entblößen und du wirst, fern von dem glücklichen Lande, wo du herrschen solltest, preisgegeben dem Mangel, in schauerlicher Wüste umkommen.

Wir treten in die Welt, und die Schönheit der uns umgebenden Dinge bringt in Vergessenheit die unendliche Schöne und das selige Los, das unser dort oben harrt. Gleichwohl sind diese Schönheiten, und was es immer Gutes hienieden gibt, nur eine Erquickung, die uns das höchste Wesen auf dem Wege darbietet, damit wir rüstig und schnell ihm entgegeneilen.

Hier bewundern wir der Blumen Schmelz und das glänzende Licht und fühlen uns bezaubert durch eine so reich geschmückte Gegend. Übel beratene Pilgrime! Aus diesen Blumen, aus diesem Lichte lernen wir, wie reizend jene Blumen sind und das Licht der ewigen Hügel, wohin unsere Reise geht. Licht und Schönheit hienieden sind nur da, uns anzulocken und dorthin zu geleiten, wo ewiger Frühling und ewiger Tag ist.

Die liebliche Harmonie entzückt uns auf Erden, ergötzt uns. Aber was sind wohl die süßen Töne, die unsere Wüste beleben, in Vergleich mit jenen, wovon die seligen Wohnsitze des Allerhöchsten ertönen, der da mit Pracht und Herrlichkeit unsere Seelen aufnimmt?

Bei dem bekannten Klange der Trompete entbrennt des Kriegers Mut, und er eilt in die Schlacht. Sie erinnert an den Beifall des Vaterlandes, das ihn als Sieger begrüßt, an das Lob seiner Führer und an die Feier des Triumphes.

Der Herr des Weltalls läßt uns aus keinem anderen Grunde den Gesang der Vögel die Harmonie ihrer

31

Stimme und die Musikinstrumente hienieden vernehmen, als um uns anzufeuern im niedrigen Kampfe dieses Lebens fürs Vaterland. Oh Mensch! Was sitzest du da sorglos und freuest, und vergissest darüber das Ziel, wozu du berufen bist? Lauf´, fliege, kämpfe unermüdet, den Gedanken stets dahin gerichtet, wohin deine Bestimmung geht. Was immer in diesem Leben mit süßem Wohllaut das Ohr der Sterblichen ergötzt, ist nur ein rauher Ton, nur ein verwirrter Schall der höheren Harmonie, die aus der Ferne her, aus den ewigen Wohnungen uns ertönt, wo der große König seine Auserwählten mit endloser Wonne erfreut. Mensch, warum bleibst du außerhalb der seligen Tore, ein müßiger Horcher? Sie stehen dir offen. Die große Freude, die jener mächtige Herr von außen erschallen läßt, ladet jeden, der sie hört, zur Teilnahme ein.

Strecke ich die Hand nach dem Baume und breche mir eine Frucht ab, die ich mit Lust genieße, und sehe dann noch so viele Früchte auf meinen Feldern um mich her, dann gewinne ich lieb die Freuden des Lebens, es behagt mir der Aufenthalt auf Erden und ich wünsche verlängert meine Pilgerfahrt. Ich Armer! Verlängert wünsche ich meine Verbannung und Armut. Nicht allein zu einem vorübergehenden Sinnengenuß hat mein Schöpfer die Baumfrüchte und die Trauben mit Honig gewürzt und sie wirklich mit Ambrosia bestreut. Das sind Geschenke, die seine Hand mir reicht, damit ich hienieden als Kind stets den Geber liebe und seinen Schritten folge. Das sind fühlbare Beweise, die Er mir gibt, um mich einzunehmen für die ewigen Freuden, zu denen Er mich hinführt. Mit diesen Tropfen von Süßigkeit, die Er über diese dürren Felsen herabträufeln läßt, will Er mich anziehen, daß ich an den Spuren derselben den Berg ersteige, wo sich die Quelle findet, die in Fülle sie ausströmt.

Und du, oh aller Freundschaften süßeste, keusche und treue Liebe zweier tugendhafter Gatten, bist nun kein Band mehr, bestimmt, die Neigungen zweier Herzen auf Erden zu fesseln, sondern eine Begleiterin und Führerin zum Himmel. Ein Bild bist du der aufrichtigen und engen Liebesgemeinschaft, die uns dort mit dem höchsten Gute vereint. Du fesselst nicht bloß auf Erden zwei unsterbliche Geister, damit sie sich wechselseitig zur Hilfe dienen, sondern du reichest zweien Freunden eine gegenseitige Stütze, womit sie gemeinschaftlich ihrem Ziele zueilen.

Und ihr lieblichen Hügel, mit Pflanzen bedeckt, und ihr tiefen Täler, von Eichen und Buchen beschattet, und ihr weiten Ebenen, bekleidet mit Blumen, ihr Zephyre, die ihr den glühenden Strahl des Sommers mäßiget, ihr Lüftchen, die ihr den rauhen Nord mildert, ihr seid die Freude dieser Erde; aber diese Erde ist nur erst der wilde Pfad, der uns ins glückliche Land führt, wo wir wohnen sollen. Wenn alles bittere hienieden uns zu erkennen gibt, daß wir dahier keine bleibende Stätte haben, so erinnert uns alles Süße lebhaft an jene Güter, nach denen wir in diesem Leben trachten sollen. Wenn unser Körper sich noch auf der Erde schleppt, soll der Geist schon im Himmel wohnen.

Was tust du denn nun, oh Mensch? Wohin wendest du dich auf der Lebensbahn, die du durchläufst? Es bricht die Nacht heran, da keine Zeit mehr ist zu wirken. Weh, wenn deine Lebenssonne untergeht und dein Herz sich noch außerhalb des Vaterlandes befindet! Die Nacht, die dasselbe in schauerlicher Weise überrascht, hält es dort fest, ohne Hoffnung, je zu entkommen. Fern von dem wahren Guten, fern von dem seligen Lande, zu dem dein Heiland führt, wird auf ewig ein furchtbares Dunkel dich umhüllen. Du wirst allen wilden Tieren des Waldes zur Beute werden. Sorge, daß dein Herz bei Gott sei. Dann wird bei einbrechendem Abende ein nie gesehenes Sonnenlicht über dir aufgehen, und du wirst dort aufgenommen werden, wo keine Nacht, keine Finsternis mehr sein wird. Es ist dir erlaubt, dich zu nähren mit den niedrigen Speisen, die der Himmel dir nicht verbietet; aber nur im Vorübergehen, nur um dich zu stärken und die Reise gegen das Ziel hin fortzusetzen, nicht, daß du hier verweilen sollst, um dieselben zu genießen. Während der Körper irdische Nahrung genießt, soll der Geist mit der ihm eigenen – der Erkenntnis und Liebe des höchsten Gutes – genährt werden. Dazu sind Verstand und Herz geschaffen. Die Erkenntnis und Liebe des Schöpfers ist uns Speise der Unsterblichkeit, die uns unentbehrlich ist, so lange wir Menschen sind. Das ist, wenn gleich in verschiedener Art, das große Geschäft des Menschen sowohl in diesem sterblichen Leben, als jenseits des Grabes. Das Erdenleben ist nur eine von Gott uns gegönnte Frist, um mit Verdienst das zu tun, was am Ende unsere

Glückseligkeit ausmachen soll. Aus dem Reiche der Finsternis versetzt ins Reich des Lichtes werden wir das höchste Gut vollkommen erkennen, weil wir es enthüllt sehen werden, und durch dieses Schauen wird die Liebe desselben für uns süße Notwendigkeit. Hienieden bleibt es uns verborgen. Wir kennen von ihm bloß soviel, als der Glaube und die Sinne uns offenbaren. Wir suchen es, lieben es unsichtbar, obgleich stets gegenwärtig, wir lieben es, obschon wir es nur noch erst in der Hoffnung besitzen. Dieses herrliche Licht stets in uns lebendig zu erhalten, dieses göttliche Feuer immer in uns zu nähren, ist unsere ganze Beschäftigung hienieden, eine mühevolle Beschäftigung, die uns aber endlich die Krone der Unsterblichkeit bringt.

Eine unbekannte Schönheit macht auf uns keinen Eindruck, eine wenig bekannte nur einen schwachen. Je mehr der Verstand den Wert eines geliebten Gegenstandes erwägt, desto mehr fühlt sich das Herz von Liebe zu ihm hingezogen. Will der Mensch, geschaffen, um auch auf dieser Erde die höchste Schönheit nach Kräften zu lieben, diese seine Pflicht erfüllen, so muß er nach Möglichkeit sich bestreben, den Wert derselben einzusehen. So nimmt diese höchste Liebe nicht nur unser Herz, sondern auch unseren Verstand in Anspruch; das eine, wie das andere soll ihm dienen. Der Mensch lebt also nur dann, wenn er mit seinem Geiste in jenen unermeßlichen Räumen wohnt und dort dem höheren Lichte folgt, das uns zur Führerin gegeben ist und mit immer wachsender Liebe seinen Spuren nachgeht. Die Sinne, die Außendinge dürfen uns nicht zerstreuen, sondern uns immer tiefer einführen in die unsichtbare Größe der Gottheit. Der Mensch muß aus dem Glauben leben. Die Unermeßlichkeit des Himmels, die uns so sehr in Erstaunen setzt, stellt uns sichtbar dar die unendliche Macht, die uns der Glaube unsichtbar ankündet. Der beständige Kreislauf zwischen Tag und Nacht, die Jahreszeiten, welche nach dem Winke des Allerhöchsten stets wechseln, stellen unserem Blicke sichtbar in ihren Wirkungen dar jene erhabene Weisheit, die der Glaube uns lehrt, aber verhüllt läßt. Die leuchtenden Sterne, die Sonne, welche ankündigt, durch die rosige Morgenröte, den frohen Tag über den Horizont heraufführt, das Gold, die Perlen, die Edelsteine sind schwache und dennoch offenbare Züge der ewigen Schöne, wovon der Glaube zeugt, die aber auf immer in undurchdringliches Dunkel gehüllt bleibt. Der Gedanke, die Vernunft, ein Geist, fähig, so große Dinge zu schauen und sich so hoch zu erheben; die Augen, wodurch wir mit so vielen wunderbaren Geschöpfen bekannt werden, die Gesundheit, das Leben, die Luft, welche wir atmen, das Wasser, das für uns aus den Felsenadern quillt, die Erde, die uns mit ihren reichlichen Schätzen nährt, sind eben so viele offenbare Geschenke der unendlichen Güte, der wir dem Glauben gemäß unser Herz weihen sollen, ehe wir sie schauen von Angesicht zu Angesicht. So sind die niedrigen Dinge rings um uns her geordnet, um uns zum großen Schöpfer zu führen. Der Ochs kennt seinen Herren, und das Hündlein beweist sich dankbar gegen den, der es nährt. Wenn der Mensch, mit Vernunft begabt, mitten unter so vielen

Dingen, die ihm Gott verkündet, mitten unter so vielen Gaben, womit er ihn bereichert, ihn nicht erkennt und nicht liebt so ist er unvernünftiger als das vernunftlose Vieh und ein Ungeheuer von Undankbarkeit.

Wer darf es wagen, sich der Liebe seines Schöpfers zu entziehen, als kenne er ihn nicht. Eben diese Entscheidung verdammt ihn. Seinen Gott nicht kennen, ist ein Verbrechen. Was sagt uns nicht der Glaube von ihm, der Lehrer erhabener Wahrheiten? Was sagen uns nicht von ihm so viele schönen Geschöpfe? Mensch, warum hörst du sie nicht, warum lernst du nicht von ihnen deinen Urheber kennen?

Oh unendliche Schöne, mir bekannt und verhüllt, wenn es mir, solange ich als Pilger und Fremdling hienieden walle, nicht gegönnt ist, dein göttliches Bild zu schauen, so erkenne ich dich, insoweit es der Glaube lehrt, der mich mitten im Schatten sicher zu dir geleitet. Dich sehe ich, dich schau´ ich in jedem Gegenstande; wohin ich meine Schritte lenke, führt mich alles zu dir. Dich sehe ich in der Höhe der Gebirge, in der Unermeßlichkeit der Meere, in dem ganzen Weltgebäude. Dich sehe ich in so vielen Gestalten deiner Geschöpfe, in den Eigenschaften der Kräuter und Früchte, in so verschiedenen Trieben der Tiere, in der Riesenkraft der Elemente. Deinen Hauch fühl´ ich im Wehen der Winde, seien sie sanft oder tobend. Ich sehe deine Rechte im Blitze, der von unsichtbarer Macht geschleudert, Felsen spaltet, Bäume zerschmettert, und Häuser in Flammen setzt. Ich finde dein Gesetz in den Wolken, die bald reich an fruchtbarem Regen die Felder befeuchten, bald sie mit Schnee bedecken oder mit Hagel peitschen. Ich höre deine alles lenkende Stimme im Kreislaufe der Planeten, in den Bewegungen der Gestirne, in den Erzeugnissen und Wirkungen der Natur.

Aber der Mensch, ach! Nur gar zu oft steigt er mit seinem Geiste von seinem wahren Glauben ins Gebiet der Sinnenwelt herab, von dem Himmel lenkt er seine Sorgen und Neigungen auf die Erde, auf das Tierische hin. Er entfernt von sich den Gedanken an ein anderes Leben, beschränkt sich auf die kurzen Tage seiner Pilgerschaft, betrachtet sie als sein Vaterland und setzt darein seine Glückseligkeit. Blind für die höheren Güter, für welche er geschaffen ist, vermag dieser Geist, von schweren Banden gefesselt, sich nicht mehr von der Erde zu erheben. Immer noch sieht man in ihm jenes edle Wesen, mit Vernunft begabt; aber diese Vernunft, gleich dem Adler ohne Flügel schleppt sich auf dem Boden. Seine Weisheit ist irdisch.

Der Mensch ist fremdartiges Gemisch von zwei unähnlichen Wesen. Das eine ist edel, rein, unkörperlich; das andere unedel, schwerfällig, materiell. Das eine gleicht jenen höheren Geistern, die den König der Herrlichkeit im Himmel umgeben; das andere ist ein Teil jener schweren Masse, die wir mit Füßen treten. Das eine und das andere hat seine Nahrung, angemessen seiner Natur. Die Speise unserer Seele, des geistigen Menschen, ist diejenige, die er mit den inneren Lippen aus dem Born des Lebens saugt, Nektarquellen von Weisheit und Liebe. Mensch, willst du, daß der Engel in dir lebe? So versag' ihm nicht die Nahrung der himmlischen Gedanken und der göttlichen Gefühle. Gleichwie der Körper jeden Tag seine Speise fordert, und dadurch Leben und Stärke erhält, so muß dein Geist leben von jener Kraft, die er von oben zieht. Wenn ihm diese seine Nahrung mangelt, so nimmt er alsbald ab, wird schwach, schwindet hin und stirbt. Willst du, daß er kräftig und stark bleibe, so gewöhne ihn, die Luft des unsterblichen Lebens einzuatmen. Gewohnt an diese Größe und an diesen Umgang mit den höheren Dingen, ergreift ihn Ekel und Überdruß an allem was die Erde auch Schönes ihm bieten mag.

Wie den Höfling die Hütte des Armen anekelt, der von schmutziger und niedriger Arbeit sich nährt, so blickt der Geist spähend umher, ob er sich nicht weit entfernen möge von allem, was ihn noch aufhalten könnte in dieser unreinen Wohnung, worin das Pöbelherz des irdischen Menschen seine Wohnung sucht.

Glücklicher Geist, der du so auf dieser niedrigen Erde, immer eingedenk deines hohen Adels, lebst, ich verehre, ich bewundere dich. Du strahlest schon von dem göttlichen Lichte, das dich einst umgeben soll. Du kannst nicht beständig, so lange du mit dem irdischen Körper verbunden bist, dort oben wohnen, da dich oft mühsame Pflicht und der Drang deines elenden Loses an die Erde fesseln; Aber dadurch wirst du nicht irdisch. Du steigst nicht herab von jenen ewigen Hügeln, wie zuweilen die Engel herabsteigen, nicht aus eigener Lust und Begierde, sondern nur um die höheren Befehle zu vollziehen und schnell wieder dorthin zurückzukehren. Wenn du deinen Körper hütest, so bist du ein Engel, der hernieder steigt, um ein Tier zu hüten, dessen Obsorge ihm der Allmächtige anvertraut hat, und nicht, um sich selber zu weiden. Nie gestatte ihm etwas anderes, als was ihm erlaubt wird von Dem, der dir die Herrschaft über ihn anvertraut. Wenn du auf Erden ein Haus bauen willst, verteilst du die Arbeit; aber du bist ein Bewohner des Himmels, der hienieden sein Haus hat, der jede andere Wohnung verschmäht außer derjenigen, wo er mit der seligen Familie und dem ewigen Könige wohnt. Müde von der niedrigen Arbeit kehrt er jeden Tag, wie der Landmann vom Felde, oder aus dem Walde zurück, um im Himmel auszuruhen. Der Tod, den der blinde und irdische Mensch mit Schauder als das Ende seines Lebens und seiner Freude betrachtet, den siehst du mit heiterer Stirne herannahen. Du findest an ihm deinen Geburtstag, der dich zum höheren Lichte fördert, die glückliche Stunde, wo dein liebevoller Heiland dich, fern von den Gefahren des Todes, in dein wahres Leben einführt.

Sümpfe, ausgetrocknet durch vieljährige Arbeit und urbar gemacht, Seen, ausgegraben in trockenem Lande, Flüsse, durch Kunst geleitet, um Meere, die die Natur getrennt hat, miteinander zu verbinden, abgetragene und geebnete Berge sind löbliche Werke der menschlichen Kunst, nützlich oder notwendig, aber sie sind nicht das große Werk, wozu der Mensch auf Erden ist, sind nur ein Spiel in Vergleich mit dem, warum er hier ist. Festen, Königreiche und Städte sind Schutzwehren für den Menschen, aber der Mensch ist nicht geschaffen für sie, ist nicht hienieden, um stets darin zu verweilen. Zepter,

Legionen, Diadem sind der Schmuck und die Attribute des irdischen Herrschers; aber dieses sterbliche Leben ist nur ein Gestade, an dem sich die Menschen, aus dem Nichts hervorgerufen, zusammenfinden, um sich einzuschiffen in ihre eigentliche Heimat.

Verscheuch´, oh gütiger Gott, die dunkle Nacht des Aberglaubens, die noch einen so großen Teil der Welt bedeckt. Du, oh Schirmer und Vater des Menschengeschlechts, befreie von dem drückenden Irrtume die Erde, die noch unter dem Götzendienste seufzt. Berufe zu deinem Lichte die Könige, die von deinem großen Namen nichts wissen, und die den nicht kennen, welchen du zum Heile aller in die Welt gesandt hast. Ich sehe sie, sich selbst vergötternd, stolz auf ihr irdisches Glück, in der dunklen Nacht ihres Irrtumes einhergehen. Ich sehe sie, vertieft in düstere Gedanken, ihre Untertanen zählen, deine Kinder wie eine Herde betrachtend, und berechnen, wie viele Menschen sie in die tödlichen Bergwerke begraben, deren Erzeugnisse prachtvoll ihren irdischen Kerker schmücken; ich sehe sie, befallen von jenem Wahnsinne, den die Welt, deine Feindin, Ehre nennt, zählen, wie viele Tausende menschlicher Schlachtopfer sie unter den Waffen dem Ehrgeize, dem Götzen ihres Herzens, schlachten können. Sie erkennen im Menschen nicht deine Wonne, nicht deinen Liebling, sie sehen ihn gleichsam nur an als ein Tier, einzig geschaffen zum Dienste ihrer eitlen Größe, als bloße Werkzeuge, ihrer unsinnigen Absichten, die die Natur als reiches Erbe ihnen zugeteilt. Großer König des Weltalls, durchbrich endlich die tiefe

Nacht, die dich ihnen verbirgt, zeige dich ihnen und offenbare deine ewige Weisheit, das einzige Licht, dem der Mensch, sicher und ohne Irrtum folgt.

Könige der Erde, euere Schmeichler nennen euch groß, und euere Schmeichler verderben euch. Sie verehren in euch Gebieter über irdische Reiche, Fürsten, denen der Tribut der Völker gebührt, euch huldigen die Nationen. Ihr Könige der Erde, alles dieses ist nur eitler Schein. Diese weiten Gefilde, mit goldener Saat bedeckt, diese steilen Felsen, die über die Wolken hinausragen, diese stolzen Flüsse und diese Meere eures Reiches werden bald ein Ende nehmen. Verschwinden werden die Länder, die unter den Schritten euerer Kriegsheere jetzt zittern, man wird nicht mehr die Meere sehen, wo jetzt stolz euere Flotten segeln, wird nicht mehr das Land erkennen, wo ihr herrscht. Ist einmal die große Reise des Menschengeschlechtes zur Ewigkeit vollendet, so wird des Allmächtigen Hand die hinfällige Wohnung, die sie erbaut hatten, zerstören, und von nun an werden sie nur mehr die beständigen Wohnsitze schauen, die kein Auge gesehen hat. Ihr Könige der Erde, euere Größe wird von der blinden Welt nicht in ihrer ganzen Erhabenheit erkannt. Sie reicht nicht minder als die jedes anderen Menschen über das Grab hinaus. Und wenn ein Strahl des himmlischen Lichtes euch auf Erden einen hehren Glanz verleiht und euch allen Menschen ehrwürdig macht, so ist es nicht die Herrlichkeit des Thrones, noch der Purpur und das Gold oder die Waffenmacht, sondern der heilige Charakter von Stellvertretern Gottes, der euch hier angeordnet hat zu Herrschern über die Menschen, sein Ebenbild, den Gegenstand seiner Liebe, die er höher schätzt, als die ganze sichtbare Schöpfung. Sie wallen von der Erde zum Himmel, zu ihrem Könige und Vater, der sie dort erwartet, um sie als seine Kinder auf den Thron zu erheben. Euch hat er aufgetragen, ihren Zug durch Belohnung und Strafe zu leiten, aber ihn zu leiten zu jenem hohen Ziele, wo er sie erwartet. Stellvertreter und Diener des Allbeherrschers, wer es immer wagt, eure Fürstensorgen auf den bloßen Glanz des irdischen Thrones zu beschränken, der ist ein Bösewicht, der euch gegen Gott empört, ein Betrüger, der euch in den ewigen Tod stürzt. Wer es wagt, sie bloß auf das irdische Wohl der Untertanen zu beschränken, der ist ein Verräter der Völker, die der Himmel euerem Zepter anvertraut hat. Der sieht an den Menschen nur das Tier, der verkennt an ihm das unsterbliche Wesen, das Kind Gottes, das nur auf Erden ist, um zum Allerhöchsten hinzueilen, sich der Hoheit würdig zu machen, die im ewigen Reiche seiner harrt; der macht euch zu Viehtreibern und nicht mehr zu Menschenführern. Irdische Väter und Hirten der Menschenfamilie, deren Vater Gott ist, damit ich euch endlich mit euerem wahren Name nenne, wenn ihr durch euere Herrschaft dem Willen und liebevollen Absichten des Königs, durch den ihr regieret, dienet, so erscheint ihr mir nicht anders mehr, als Engel Gottes auf Erden. Ich sehe erhabene Throne, für euch im himmlischen Reiche sich erheben. Dort sehe ich strahlende Kronen von unvergänglichem Edelgestein für euch bereitet. Dort werdet ihr leuchten gleich blitzenden Sternen am Firmament.

Dritte Nacht

Die Gnade

D ie Nacht hat Stille und Schlaf über das Schiff
verbreitet. Man hört nur ein trauriges Rasseln
der Segelstangen, nur das Zischen der Winde
und das Geräusch der Wogen, die das Schiff durch-
schneidet. Alles liegt da in tiefen Schlaf versenkt. Nur
der Steuermann wacht, beobachtend die Winde, den
Himmel und das Meer, um das Fahrzeug zu lenken. Frei
vom Gewirre des Tages, wodurch er sich selbst entfremdet ward, kehrt mein Gedanke zu den erhabenen
Betrachtungen, zu Gott und den Menschen zurück.

Oh einzige und erste Urquelle, letztes und einziges
Ziel aller Dinge, auch ich lenke mein Schifflein mitten
auf unermeßlichem Meere, um einst an sicherem Gestade zu landen. Du allein bist mein Hafen. Alles übrige ist
für mich Wüste, Einöde, wie die Wogengefilde, die ich
durchsegeln will. Gold, Freuden, Ehren und was die
Welt uns Glänzendes darbietet, sind nur Nebel, die dem
Blicke der unvorsichtigen Sterblichen ruhige Hafen,
selige Gestade und ein beglücktes Land da verheißen,
wo in der Tat nur Fluten, Gefahren, und Stürme herrschen. Du, der du von der Höhe herab das Weltall
beherrschest, leite mich auf diesem Meere, verleih´ mir

günstige Winde, laß mich den Klippen ausweichen, die Sirenen vermeiden, die Stürme besiegen. Zeige mir die Richtung, die ich nehmen soll, und laß mich glücklich an den Ort meiner Bestimmung gelangen. Du willst, daß ich umsichtig wache bei der gefahrvollen Fahrt? Siehe, ich wache; bald schaue ich um mich her, bald wendet sich mein Auge zu dir. Du zeigst mir den Pfad und du entdeckst mir die verborgenen Gefahren.

Ach! Der Mensch allein ist für sich selbst die reiche Quelle seiner Gefahren und der traurige Urheber kläglichen Schiffbruches. Darum lerne der Mensch vor allem sich selber kennen. Und doch quält und müht und härmt er sich ab, immerfort lernend, was ihm zu wissen nicht frommt, und er lebt und stirbt, sich selbst ein Fremdling. Dadurch verirrt sich das Menschengeschlecht auf tausenderlei Weise, verliert sich und strauchelt, stürzt und geht unter. Aber ist es schon genug, den Menschen zu studieren, um ihn zu erkennen? Nein, höher muß man seinen Blick erheben; betrachten muß man ihn bei jenem klaren Lichte, das ein höheres Wesen über ihn verbreitet, fragen muß man seinen Urheber. Er allein, der ihn bildete, ist imstande, die Natur, die Bestimmung desselben vollkommen zu erklären.

Der Mensch ist nicht jenes Tierische, das wir in diesem flüchtigen Leben an uns tragen. Das, was wir mit den Jahren wachsen und wieder abnehmen sehen, was hienieden der irdischen Nahrung bedarf, ist nur vom Menschen die äußere Hülle. Der Mensch ist das verborgene Wesen, das diesen Ton belebt. Er ist auf der Erde ein Pilger, ein Fremdling, auch seine Speise ist nicht irdisch. Er gehört höheren Regionen an, seine Nahrung ist die Wahrheit, die Weisheit, seine Schönheit die Tugend, sein Bild das Ebenbild des Allerhöchsten, sein Leben Gott.

Der Mensch wird hienieden gebildet, hienieden beginnt er sein Leben, aber er sieht noch nicht den Tag. Dann erst wird er geboren, wenn er befreit und losgebunden von der Last der Materie durch den Tod aus diesem Leben scheidet. Und wie er dann geboren wird, so bleibt er ewig. Wenn die schöne Unschuld, wenn die siegende Tugend hienieden seine Neigungen beherrschen und seinen Willen lenken, dann tritt er in jene Welt, gebildet nach dem höchsten Muster der wahren Schönheit. Dann wohnt in ihm, dem Schüler des ewig Guten, Gottes Geist, der nie in unreiner Wohnung verweilt. Dann wird der Mensch neu geboren und ganz strahlend vom Glanze der in ihm wohnenden Gottheit. Er wird neu geboren, und bei seiner Geburt offenbart sich sogleich die verborgene Majestät, die ihn über die ganze sichtbare Schöpfung erhebt und der Gottheit nahe bringt. Aber wenn die rasenden, ungezähmten Begierden ihn beherrschen und dem Laster preisgeben, dann verläßt er seine sterbliche Hülle, mißgestaltet, häßlich und schauderhaft, wie eine Fehlgeburt, wie eine verwachsene Mißgestalt, wie eine Mißgeburt ohne Leben, weil der Geist Gottes fern von ihm ist. Oh übernatürliches Licht, oh Himmelsfackel, die der gütige Herr seinen Kindern in dieser dunkeln Nacht leuchten läßt, ach! Leite freundlich meine schwachen Schritte an der Hand der treuen Wegweiserin, der heiligen Schrift, und laß mich entdecken die ewigen Wahrheiten, die Gott uns verhüllt. Er offenbart sich gern Dem, der mit gelehrigem Herzen auf seine Stimme horcht, und hält sie verborgen den hochmütigen Sterblichen, den blinden Anbetern einer erschaffenen Weisheit. Der Tor findet einen edlen Diamanten und achtet ihn nicht, weil er noch im Rauhen ist; Es findet ihn der Weise und greift danach mit Freude, schleift die schlechte Außenseite weg und entdeckt das Edelgestein. So sieht der stolze Narr in den heiligen Schriften nichts anderes, als Menschenworte, und verachtet sie. Das fromme Herz nimmt sie ehrerbietig auf, und unter der rohen Schale entdeckt es den verborgenen Sinn und findet dort Schätze göttlicher Weisheit.

Hier führt mich in reißendem Fluge der Gedanke auf die glücklichen Tage der Urwelt. Noch ertönte der Nachhall jener allmächtigen Stimme, die das unermeßliche Firmament aus dem Nichts hervorgerufen hatte. Staunend über ihr erstes Licht funkelten die Sterne. Angeregt zum erstenmal von der bewegenden Kraft, durchliefen die Planeten die endlosen Bahnen, die der Ewige ihrem Kreislaufe bezeichnete. Die Erde, grünend von tausend neuen Gewächsen, prangte unter reinem und heiterem Himmel in noch nie gesehener Schönheit. Und das fischreiche Meer empfing von den Flüssen den ersten Tribut. Und vom Abhange der Gebirge eilten die jungen Quellen murmelnd in schwankendem Laufe hernieder; und die munteren Vöglein lobten in einer noch reinen Atmosphäre die Hand Dessen, der sie eben gebildet hatte. Die ganze Nacht hatte erst begonnen das große Loblied, das sie in so verschiedenen Sprachen dem ewigen Urheber singt. Damals war der Mensch gerecht; so war er hervorgegangen aus des Schöpfers Hand. Unversehrt glänzten in seiner Seele die erhabenen Züge seines himmlischen Vaters. Sein Geist war voll von jenem Lebensodem, den der Mund Gottes ihm eingehaucht hatte. Er lebte und alle die verschiedenen Geschöpfe, die ihn umgaben, schienen ehrfurchtsvoll an ihm einen erhabenen Sohn ihres Schöpfers zu erkennen. Glücklicher Garten, liebenswürdiger Aufenthalt, worin Gott selbst die Freuden als Gespielinnen der schönen Unschuld berufen: ach! Wie kurze Zeit sahst du in diesem seligen Zustande den Menschen! In dein freundliches Gebiet trat die Schuld ein. Das schöne Geschöpf, das anfangs so reizend war, wurde die freiwillige Beute des grausen Ungeheuers, dessen Tochter der Tod ist: und ach! Wie stolz ist die Herrschaft, die er sich anmaßt! Freundliches Land, du warst Zeuge des stolzen Wechsels, wodurch ein Sohn Gottes, seine Liebe und Wonne, als Empörer gegen ihn auftrat und als Feind. Die Natur sahst du, treu ihrem Herrn, die Undankbaren bekriegen und sich zur Rache bewaffnen gegen den schuldbeladenen Sünder. Und den Unglücklichen sahst du, zum Spotte der übrigen Geschöpfe, verachtet, niedergebeugt, umringt von der schwarzen Schar quälender Sorgen und Schmerzen in harte Verbannung wandern. Da bereitete die Sünde eines Menschen jene Sündflut von Übeln, die nachher stets über die elenden Sterblichen herab kamen. Erde, du bitterer Aufenthalt der Verbannten; der kurze Kreislauf meiner Tage reicht nicht hin, um über alle

Unglücksfälle deiner Bewohner zu seufzen. Ich sehe sie gebeugt, atemlos deine Felder bauen, die ihnen karg und nur mit Schweiß ein wenig Brot geben. Ich sehe, wie der grausame Hunger sie schmachtend und halbtot oft zur Erde hinstreckt. Hier zernichten sie vollends kalter Schnee und rauher Frost, dort eine glühende Sonne, ein Himmel, bald mit Erz, bald beständig mit Wolken bedeckt und sich ergießend in Strömen zerstörenden Platzregens, Winde, Stürme, Erschütterungen eines unter ihren Füßen wankenden Erdreichs, reißende Bestien und giftige Insekten. Ich sehe die endlose schwarze Schar von Krankheiten sich nach allen Seiten hin verbreiten, den Krieg sehe ich, ich sehe die Pest, mit giftigen Pfeilen bewaffnet, die Nationen wegraffen. Wo ist die den Sterblichen bekannte Küste, die nicht tausendmal von ihrem Wehklagen widerhallte? Wo ist der Boden, den sie nicht mit ihren Tränen benetzten? Wo die Erde, deren Staub nicht vermischt ward mit der kalten Asche des vom Tode aufgelösten Menschen? Oh ihr armen Sterblichen, euch quält das Leben, euch verschlingt das Grab; aber das sind noch nicht die größten Übel, die ich an euch beweine! …

Eine schlimmere Erbschaft ist euch zuteil geworden von jenem unseligen Augenblicke an, da euer Stammvater sündigte. Abkömmlinge eines Rebellen werden wir als Feinde Gottes geboren, und seinen Haß – einen weit schlimmeren Tod als der, welcher diesen irdischen Leib zerstört – tragen wir in uns, von dem ersten Tage des Lebens an.

49

Wie wenn die Mutter mit grausamer Gewalttätigkeit die zarten Glieder, die sie in ihrem Schoße trägt, mißhandelt, sie preßt und verdirbt und daraus Geist und Leben verbannt, so schlich sich damals das tödliche Gift des Ungehorsams in den ersten Menschen ein, tötete seinen Geist, in dem es ihn von Gott trennte, und tötete in ihm seine unglückliche Nachkommenschaft. Deswegen erstreckt sich seine unglückliche Trennung vom Urheber des Lebens auch auf seine Kinder, und wir tragen von Geburt an in uns den Leichnam eines Geistes, der mit schwachen Banden an Gliedern hängt, die auch dem Tode geweiht sind. Ach! Wir sind alle dürre und verworfene Äste von dem dürren und verworfenen Stamme. Das ist unser Los, und so würde es unabänderlich sein, wenn der beleidigte Gott nicht Mitleid hätte mit dem armen Sünder und seinem Geschlechte. Ihr Jahrhunderte der Urwelt, ihr Jahrhunderte, die ihr die Wunder eines Gottes anstauntet, der mit einem Winke in die leeren Räume den Himmel wie ein Gezelt aufspannte, die Sterne dort befestigte, den Tag und die Nacht schuf und der ganzen Natur unwandelbare Gesetze vorschrieb, sehet, ich verkündige euch größere Wunder, Wunder der Liebe und der Erbarmung.

Siehe, Gott steigt auf die Erde, siehe, entäußert von dem unendlichen Glanze seiner Majestät, in der niedrigen Gestalt eines Sünders, eines Schuldbeladenen, eines der ewigen Gerechtigkeit geweihten Schlachtopfers. So verhüllt in unsere Niedrigkeit, wandelte er mehrere Jahre hienieden. Was will er tun? Glaube, leuchtender Glaube, geleite mich zu jenem berüchtigten Berge, auf dem die

Hauptstadt Judäas die Missetäter hinrichten läßt. Dort sehe ich mit dem schwachen Auge des Fleisches nur einen Menschen ans Kreuz geheftet, zwischen zwei Mördern. Ich frage die Welt, die zu diesem gräßlichen Schauspiele hineilt, und ich finde bloß, daß Der, welcher so stirbt, ein Gerechter ist, den die blinde Wut eines rasenden Volkes, den der Neid der Großen, den die Verräterei eines Ungeheuers in Menschengestalt und unter dem Scheine der Freundschaft, den der verächtliche Blick eines Richters, der die Unschuld sieht und unterdrückt, dorthin gebracht hat. Ich finde, daß er nie anderes tat, als die undankbare Nation mit Wohltaten überhäufen, für die Er jetzt blutend da hängt, die Ihn wenige Tage zuvor noch zu ihrem Könige machen wollte. Seltsame Dinge finde ich. Aber die Sonne, die plötzlich der Welt ihr Licht versagt und ihr Antlitz verbirgt, die Gräber, geöffnet von unsichtbarer Macht, die Erde, die erbebt, ziehen schon meine Aufmerksamkeit auf größere Dinge. Der Vorhang der alten Wohnung des lebendigen Gottes zerreißt, du sprichst zu mir, oh Glaube, du zündest mir dein Licht an, und in dem Gerechten, der da stirbt, erkenne ich Gott, der unter den harten Schlägen der eigenen Gerechtigkeit die sündige Menschheit an sich zerstört. Er tötet den fürs ewige Leben erstorbenen Menschen, und erneuert ihn. Oh des wundervollen Übermaßes von göttlicher Güte! Oh der staunenswürdigen Macht seiner Liebe! Sieh´ da ist vollendet des Himmels Rache an Adams Geschlechte. Der sündige Mensch ist begraben, die Strafe ist gebüßt, und es gibt keinen Schuldigen mehr, weil der Mensch, der da lebt, nicht mehr der vorige ist. Die Epoche des Anfanges des Menschengeschlechtes geht zu Ende, ein Schleier zieht sich über die verflossenen Jahrhunderte hin, und ihr, ihr vergangenen Zeiten, wendet eueren Blick auf jene Zeit, wo euer eigentlicher Ursprung beginnt. Aufgehoben wird für den Menschen jenes Erbübel der alten Abstammung, aufgehoben wird jenes Menschengeschlecht, das an den Ufern des Tigris und des Euphrats aus Ton gebildet ward. Aus dem Grabe des alten Menschen geht für uns ein neuer, ein himmlischer Erzeuger hervor, ein Gottmensch, ein Gott Vater. In ihm werden wir wiedergeboren, und durch diese Wiedergeburt werden wir seine werten Kinder, frei von den Banden der Schuld, unschuldige, himmlische unsterbliche Söhne, denen die Erbschaft des Vaters, die Ewigkeit, die Glorie, die Gottähnlichkeit gebührt.

Aber wie kann der einmal Geborene von neuem wieder geboren werden? Törichte Sprache des gutmütigen, aber mit den Geheimnissen des Welterlösers noch unbekannten Juden! Euere Väter, sprach der Heiland, sind in der Wüste von dem Bisse feuriger Schlangen gestorben. Ihre Anführer erhöhten vor ihrem Angesichte eine eherne Schlange, und wer von ihnen gebissen, seine Augen auf jene wendet, findet, wenn auch tödlich verwundet, Rettung. So wird einst der unter Menschengestalt verborgene Gott, an einem schmachvollem Stamme erhöhet, einem jeden das Leben wieder geben, der, getötet von der alten Schlange, zu ihm sich wendet. Der Geist, den wir als Söhne unseres Stammvaters haben, ist ein Geist ohne Gnadenleben. Derjenige, welcher das Leben ist, kann allein uns dasselbe wieder geben. Bei uns also steht es, seinen Geist aufzunehmen, uns zu seinen Kindern zu machen und durch ihn neu geboren zu werden. Nicht nur den Geist sondern auch diese seine sterbliche Hülle wandelt er um und gibt ihr eine neue Gestalt. Wenn sein Geist in uns ist, so gehören wir dem Himmel; aber in den Himmel geht nichts Schlechtes, nichts Sterbliches, nichts Verwesliches ein. Dieser irdische und sterbliche Körper, wie wir ihn vom Stammvater haben, gehört der Erde und dem Tode an. Im Himmel erlangen wir ihn wieder, aber so, wie ihn unser neuer Stammvater wieder herstellt, nicht mehr einen irdischen, tierischen, hinfälligen Körper, sondern geistig, unverweslich, unsterblich, umgeben mit Herrlichkeit, mit Himmelsglanze geschmückt, einen Körper, wie er sich schickt für hohe Abkunft von oben durch die Wiedergeburt in seinem Geiste.

Aber, ewiger Gott, mit welcher Güte lässest du dich zu unser Niedrigkeit herab, um uns zur unendliche Höhe deiner Majestät zu erheben? Wenn du kommst, uns zu erlösen, so erblicken wir in dir ein Kind unsersgleichen; wenn du die Schätze deiner ewigen Weisheit dem törichten Volke eröffnest, so nimmst du die Sprache des Landmannes, des Fischers, des Hirten an; und indem du in uns die tiefen Wunden deiner Macht, der Dienerin deiner unermeßlichen Liebe, ausübst, bedienst du dich, um unsere Schwachheit nicht ganz zu Boden zu drücken, der gewöhnlichen Zeichen, die unserer Kurzsichtigkeit angemessen sind! So wolltest du, daß die Wiedergeburt deiner sterblichen Kinder im Wasser geschehe, nicht im hehren Glanze, der dich umgibt. Aber, ewiger Gott, wie groß bist du auch dann noch, wenn du dich in niedrigen Dingen verhüllst! Siehe! Ich stehe an der Schwelle deines alten Tempels, wo von prophetischer Hand der neue gezeichnet ist, wo die Gebräuche vorhergesagt, die Taten vorgebildet, die Ereignisse geweissagt sind; und ich sehe deutlich ausgedrückt die wunderbare Kraft, die du in deinem neuen Reiche dem Wasser verleihst. Ich sehe dein Volk, unterdrückt vom Herrscher Ägyptens mitten in den Wogen, die deine Macht zerteilte, Leben und Rettung finden, während der stolze Unterdrücker in eben diesen Wassern seinen Untergang und sein Grab fand. So weiche denn der Vorhang, es stürze die Wand, die deinen neuen und alten Tempel von einander trennte, nur eine Fackel, nur ein Licht, derselbe Glaube leuchtet in beiden, und einem einzigen, ewigen Herrn wird da gehuldigt, ein und derselbe göttliche Mittler wird in beiden angebetet. Durch Ihn werden die beiden auserwählten Völker vor und nach Ihm gerettet. Das eine betet ihn an, ehe Er noch erschienen ist, das andere erkennt und betet Ihn an nach Seiner Erscheinung. Ein Kind, das an den Ufern des Nils dem allgemeinen Untergange der anderen hebräischen Knaben entrann, der Befreier seines Volkes, der Verkünder von Gesetzen, die vorher im Himmel geschrieben waren, der Wundermann, der es auf den von dem Herrn bezeichneten Wege ins gelobte Land führte, war nur ein Bild Desjenigen, nach dem sich unsere Väter von ferne sehnten. Der glückliche Tag, den die alten Gläubigen von ferne schauten, verhüllt von dem geheimnisvollen Dunkel der symbolischen Gesetze, ist endlich herangekommen und bringt der Erde Denjenigen, an welchen die Vorbilder der alten Zeit in Erfüllung gehen. Ein hebräisches Kind entrinnt dem Gemetzel, wodurch der Tyrann von Juda es aufreiben wollte, aber ein göttliches Kind erhebt sich zur Verteidigung und Rettung Israels und aller Völker. Durch ihn überwindet der Mensch im Wunderbad den höllischen Feind und tritt als neue Kreatur aus dem demselben hervor.

Aber wenn der Mensch als ein himmlisches Wesen wiedergeboren wird, warum verläßt er nicht alsbald den irdischen Körper und erschwingt sich dorthin, wohin sein Erlöser, nachdem er den Tod und die Sünde besiegt, im Triumphe sich erhoben hat? Erforsche, oh Mensch, die Ratschlüsse des Allerhöchsten; aber wenn du sie gefunden hast, so bete sie ehrfurchtsvoll an und fordere nicht, daß Gott dir Rechenschaft gebe von seinem erhabenen Willen. Das evangelische Licht verscheucht die alten Wolken, erhellt die Vorbilder, zerreißt den dunklen Schleier; aber eben dieses Licht hat auch noch seine dunkle Seite. Der größere Teil der ewigen Geheimnisse bleibt hier versiegelt und wird sich uns nicht eher enthüllen, als bis wir dorthin gelangen, wo die Wahrheit ohne Schleier in hellem Lichte glänzt.

Folge mir nur dorthin, wo der trübe Nil sich wälzt, folge Israel, das vor den ägyptischen Schwertern flieht, und lies dein Schicksal in der Geschichte desjenigen, der schon dein Vorbild war. Nicht sogleich nach besiegtem Feinde wirst du in jenes Land eingehen können, das von

Milch und Honig fließt. Zwischen ihm und dem roten Meere liegt noch ein große Strecke, es bleiben Feinde zu besiegen, die ihm den Durchgang streitig machen. So wandere nun in der dürren Wüste dieses Lebens, bis der Himmel, der allein die Tage deiner Pilgerschaft gezählt hat, dich beruft in deine ewige Heimat. Wandere, aber treu folge der freundlichen Führerin, der Wolken- und der Feuersäule, die Gott dir vorhergehen läßt, um deine Schritte zu leiten. Wandere und wende dich nicht mit lüsternem Verlangen und mit schändlicher Begierde nach den Gerichten Ägyptens und den geringen Speisen deiner alten Knechtschaft zurück. Du bist kein Sklave mehr, kein Sohn dieser Erde. Himmlische Speise muß deine Nahrung sein, nicht mehr stehendes Sumpfwasser, sondern helles und klares Wasser, hervorgequollen aus dem lebendigen Felsen, worauf die ewige Stadt ruht, muß deine Labung sein. Wandere und stehe großmütig für dein hohes Geschick, zu dem du berufen warst, als der Himmel dich mitten in den Wassern schützte. Unordentliche Neigungen, sündhafte Begierden werden oft in deinem Busen erwachen, um dich zum Laster anzulocken und in den Tod zu stürzen. Wirf dich nicht weg; es sind dies Auswüchse aus jenem alten Stamme, aus jener alten Wunde, die dir schon einmal den Tod gebracht hat; unselige Auswüchse, die der Erlöser bei der Wiedergeburt nicht vertilgte zu deiner größeren Verherrlichung und zu deinem Besten. Aus keiner anderen Ursache wollte Er, nachdem er uns vom dem verderblichen Joche befreit, uns den feindlichen Waffen noch ausgesetzt lassen als um einen glänzenden Sieg und einen edlen Triumph davonzutragen und uns alsdann mit Palmen geschmückt und reich an Verdiensten aufzunehmen. Die alte Schlange besiegte einst unter dem Schatten des Unglücksbaumes unsere Schwäche. Gott will, daß zu ihrer Schmach unsere Schwäche von einem neuen Baume herab im Schatten triumphiere. Wir sind schwach aus uns; aber seine Hilfe ist uns immer gegenwärtig und durch Ihn vermögen wir alles. Nie sollst du feige die Waffen hinwerfen, sondern, wenn die alte Schlange durch deine eigene Schuld dich tödlich verwundet und in den vorigen Sklavenstand zurückgeworfen hat, dann wehklage, zerreiß´ dir in Bitterkeit das Herz über dein Vergehen; aber gib dich nur nicht gefangen. Dein Vater lebt und ist unsterblich; er kann sich wieder ins Leben rufen und, ob du auch tot bist, in Ihm kannst du wieder aufleben. Mit zerknirschtem Herzen, mit gläubigen Auge betrachte Ihn am Kreuze, das dir zum Baume des Heiles geworden, und du bist schon lebendig. Und hättest du auch hundertmal auch undankbar und treulos dich von dem feindlichen Drachen anlocken lassen, weine, seufze und zittere, tauche dein Herz in die Galle untröstlichen Grames, aber begehe nicht die größte aller Missetaten, daß du den Glauben an deinen Vater, Führer und König von dir werfest. Er lebt immer und ist mächtig, den toten Sohn zu beleben. Er ist stets stärker als sein Feind und hat vollkommenes Recht auf seine Beute, stets kann Er sie fremden Banden entreißen. Allmächtig in seiner Güte, wie in seiner Stärke, gibt es keine Wunde, die Er nicht zu heilen vermag, gibt es keine Bosheit, die von seiner Güte unendlich übertroffen wird. Gott ist immer größer als seine Geschöpfe, und es gibt kein Übel, das Er nicht heilen kann.

Siehe, da hängt Er am Kreuze, gleich einem Missetäter, wie die eherne Schlange mitten im Lager der Hebräer, ausgesetzt dem Anblicke aller Nationen, aller Völker, die hienieden nach dem ewigen Reiche trachten. Wer da lebt, der hefte seine Blicke auf Ihn und er wird nimmer sterben. Wer da gestorben ist, wende sich zu Ihm und er wird in Ihm Leben und Heil finden. Solange Er uns auf dem Kampfplatze läßt, will Er uns, wenn wir auch überwunden sind, dennoch den Sieg verschaffen, und zu dem Ende bietet Er uns seinen Beistand an. Der Tod, den sich die Seele zuzieht, sobald sie schuldbeladen sich von Gott entfernt, ist, solange wir in diesem Pilgerleben wallen, nicht unheilbar. Solange der Geist noch die sterbliche Hülle trägt, kann er durch Gottes Kraft aus dem Tode ins Leben wiederkehren. Aber in welchem Zustande er dieses hinfällige Leben verläßt, in dem wird er für die Ewigkeit wiedergeboren, sei es nun zum ewigen Leben oder zum ewigen Tode.

Vierte Nacht

Religion und Philosophie

W o bin ich? Ach, ich erwache … Aber wie ist die Luft ringsumher so dunkel, und der Himmel schon ganz mit Sternen besäet! Als der Schlaf mich überfiel, stand die Sonne noch über dem Horizont, und jetzt ist die Nacht schon vorgerückt in ihrem stillen Laufe. Großer Gott! Es scheint mir nur ein Augenblick, daß ich noch wachte. Wie sind die Stunden so reißend in ihrem Laufe! Wie doch alles dahin eilt auf dieser niedrigen Erde! Wie weit bin ich gereist, ohne mich dem ersehnten Ziele zu nähern! Ach, alles verkündet uns, daß wir hier keine bleibende Stätte haben, daß wir bald von hier auswandern müssen. Wie kann der Mensch sein Herz an die Erde heften, wie sich anschließen an diese hinfälligen Dinge?

Wo ich immer mich hinwende, ruft mir alles zu, daß das Irdische endet, und überall erblicke ich das Bild meiner Hinfälligkeit. Ich begebe mich am frühen Morgen an ein freundliches Gestade. Die blassen Violen erheben freundlich ihr Haupt unter dem taubeperlten Grase. Die Luft ist angefüllt mit ihren Wohlgerüchen. Lieblicher Aufenthalt! Du ladest mich ein, in deinem Schoße eine unschuldige Freude zu genießen. Es kommt der Abend, und ach, ich Armer! Die lieben Violen sind nicht mehr. Die Hitze eines Tages hat sie versengt. Siehe, da liegen sie welk am Boden ohne Spur der früheren Schönheit. Ich besuche zur Erholung einen anmutigen Garten, Da scheint mir der Sitz des Vergnügens zu sein. Alles lächelt mich ringsum an, alles atmet Fröhlichkeit. Neugierig eile ich den wohlriechenden Gebüschen zu; aber während ich eine Rose pflücke, siehe, da zerfallen ihrer zehn und sinken Blatt für Blatt auf die Erde und sagen mir in ihrer Sprache: Jede Schönheit ist hinfällig, jede Freude vergänglich, und flüchtig jedes Vergnügen. Siehe da in meiner Nähe einen Schäfer und sein Weib. Artiges Pärchen! Beide in der Blüte der Jahre, voll Anmut und Kraft, liebend und geliebt, junge Gatten, nur Liebe atmend. Keinen Augenblick können sie getrennt von einander leben. Wald und Wiese scheinen ihrer Liebe Beifall zu winken. Wohl tausendmal des Tages nennen sie sich glückselig. Alle anderen Hirten beneiden ihr Los. Aber oh beklagenswerte Menschen! Nach einigen Jahrzehnten suche ich sie wieder, und finde an ihnen nur zwei eingefallene Gesichter, zwei runzlichte Stirnen, von denen aller frühere Reiz verschwunden ist, zwei welke und abgelebte Gestalten. Unter kalter Asche ist das frühere Feuer dieser Herzen begraben. Die süßen Gesänge, einst Freudenergüsse, und ihre Liebesbeteuerungen sind jetzt nur Klagen. Alles wird ihnen langweilig, alles beschwerlich. Sie sind das Gespötte der Jugend, sie sind allen zur Last. Jedermann flieht sie als verhaßt. Fremdlinge, längst dem Tode geweiht. Oh unseliges Reich der Täuschung, des Scheines! Arme Sterbliche! Ist also dieses euere gepriesene Glückseligkeit? Ist also dieses das Land, in dem ihr euch eine beständige Glückseligkeit träumet?

Hier vernehme ich nun auf einmal ein verwirrtes Flüstern stolzer Weisen. Jeder winkt mir und verspricht mir das, wozu ich die Hoffnung aufgebe: jeder gibt mir Versicherung, mich gegen die Qualen und Leiden des menschlichen Lebens zu sichern; dort soll ich, wenn ich ihnen glaube, Zufriedenheit und sichere Ruhe wiederfinden. Aber, ihr gepriesenen Weisen, wenn ich euch folgen will, wie kann ich wählen zwischen so vielen sich entgegengesetzten Wegen, die ihr mir zeigt. Ein Jeder nennt seinen Weg den wahren, die anderen trügerisch, und indessen gibt mir keiner bessere Beweise seiner Rede. Wenn der eine zum verheißenen Ziele führt, so führen vielleicht die anderen weit davon weg! Aber ach! Daß dieser Eine sich nimmer findet! Ach, daß alle falsch sind!

Was sagst du mir doch, lachender Epikur, in deinem scherzenden Stile? „Freue dich," rufst du, „befriedige deine Begierden. Dein Herz ist hungrig, die Wollust ist seine Speise, die einzige, die es befriedigen kann. Das Leben ist kurz; pflücke dir erst von jedem Gewächse die Blume, ehe sie verwelkt." Pflücke von jedem Gewächse die Blume? Freue dich? Aber eine gebietende Stimme in meinem Innern verbietet mir dieses drohend. Allein ein trauriger und heftiger Abscheu verwehrt mir den Zutritt zu einem Teile dieser Vergnügen, die du mir anrätst; und wenn ich mich kühn daran wage, so geißeln mich Scham und Gewissensbisse um die Wette und rächen sich an dem Unrechte, was ihnen geschah. Ich fühle unter deinen Blumen die stechenden Dornen, ich fühle, wie sie das Herz mir zerreißen. Nach deinem süßen Genusse finde ich mich ganz versenkt in Bitterkeit. Epikur! Deine Speise ist eine eitle Speise, oder sie ist Gift. Freue dich? Aber wie, wenn mir das harte Geschick die Freude versagt? Wenn es grausam mich verdammt, immer zu kämpfen mit kummervoller Armut? Wenn es mich zur Zielscheibe der Schläge und der Schmerzen macht? Freue dich? Aber welche ist die Zeit meiner Freude? Solange diese Glieder rüstig sind und voll von jugendlicher Kraft? Aber ach! Ich sehe das frostige Alter mit seiner ekelhaften Schar von Krankheiten herannahen, und hinter ihnen den unerbittlichen Tod, der schon seine Sense schärft. Du führst mich, es ist wahr, in ein blumenreiches Land; aber hinter den seligen Gebüschen entdecke ich den Räuber, der mich plündert. Schon stehe ich hinter dem Gesträuche den Dolch blinken, durch den ich entseelt hinstürzen soll. Bei diesem Anblicke fliehen ferne von mir mit Bestürzung Freude und Frohsinn. Keine Rettung ist möglich aus diesen grausamen Händen. Es bleibt mir nur die Furcht und Angst. Und du willst, daß ich mich in diesem Zustande glücklich preisen soll? Wohl kann ich mich einschläfern und mich glücklich träumen, aber mein Schicksal ist jammervoll.

Du hast's gut getroffen, wird hier der strenge Zeno mit seiner Schule behaupten. Epikur ist ein Schwärmer. Jedes Vergnügen befleckt entweder die Unschuld, oder gibt doch der Seele keinen höheren Wert. Das eine läßt sie in ihrem angeborenem Elende, das andere macht sie noch tausendmal schlimmer. Die Tugend allein kann uns vollkommen glücklich machen, und ein seliges Los kann nur die Frucht heiliger Sitte sein. Diese erhebt mich über den Wechsel der menschlichen Dinge, und wie der Olymp unerschüttert unter Stürmen und Platzregen steht, so verachte ich kühn das blinde, wandelbare Schicksal. Gegen den tugendhaften Mann, der allein der wahre Weise ist, sind die Schläge desselben vergebens. Er verachtet auf gleiche Weise die Gunst desselben und lacht seiner Mißgunst. Rings umgeben von dem un-überwindlichen Felsen seiner Starkmut, trotzt er ruhig den stürmischen Wechseln der Welt, den Unfällen, dem Schicksale. Hier genügt er sich selber. Gold, Zepter, Krone und alles Sterbliche sind in seinen Augen nur niedrige Dinge.

Hohe Ideen, herrliche Versprechungen; aber, wenn nichts anderes dazu kommt, mehr Schein als Wahrheit. Schön ist die Tugend, glänzend die Wohlanständigkeit. Ihr göttliches Bild reißt mich hin und entzückt mich. Ihnen gebührt als Huldigung die Treue, die Zuneigung, die Unterwürfigkeit aller Herzen, in denen das Licht der Vernunft leuchtet; aber wenn du glaubst, daß sie aus sich allein mich beglücken könne, so irrst du dich, oh Zeno.

Nur zu oft sehe ich sie in ärmlicher Hütte, verach-tet, geplagt, weinend, mit Jammer umgeben, ohne daß sie nur etwas anderes darbieten könnte, als die traurige Ehre: mich zum Genossen des Leidens zu haben. Frei-lich flößt sie mir eine edle Starkmut ein; aber sie verwan-delt darum mein Fleisch nicht in Erz und mein Herz nicht in Stein. Unschuldig eingeschlossen in einen schauerlichen Kerker bleibt mir doch die Erinnerung, nie die heiligen Gesetze der schönen Sittlichkeit übertreten zu haben, ein süßer Trost.

Aber wenn ich mit unheilbaren Wunden mich bedeckt fühle und schweratmend bald die zarten Kinder, bald die geliebte Gattin und den Vater vergebens um Hilfe anflehe, sollt´ ich da nicht die Härte meines Geschickes empfinden? Tugend und Unschuld sind doch auf meiner Seite; allein sage mir, wo ist die Glückseligkeit? Bringe dich um, ruft mir der stolze Stoiker zu, der Tod macht deinem Schmerze ein Ende. – Wenn also ein Strick, ein Dolch, ein Gifttrank … Aber oh Gott! Ich zittere, das Herz wird mir beklommen es überläuft mich kalt. Ach! Zu groß ist der natürliche Abscheu vor dem Tode, als daß ich ihn besiegen könnte. Der schauerliche, schwarze Anblick drückt mich nieder. Die Erde verlassen? Aus diesem Leben scheiden? … und wohin? …

Und wann und wie? … Ha, welch ein schauerlicher, tiefer, dunkler Abgrund! Der Fuß wagt nicht, den gefahrvollen Rand zu berühren, das Auge hält den Anblick nicht aus, und du willst, daß ich mich hinstürze? Aber töte dich? Der Tod macht deinen Schmerzen ein Ende? Wo ist also die Stärke, die die Tugend mir einflößt, jene Stärke, die du mir immer erhaben über alle Leiden rühmtest, und in jeder Prüfung bewährt? Also gibst du mich gefangen und nötigst mich, das Feld zu räumen. Allein wo ist nun jene Glückseligkeit, die du mir verheißt, die neidische Gefährtin der Tugend? Wenn ich glücklich bin, warum meine Tage verkürzen, und wenn ich sie verkürzen soll, warum täuschest du mich? Grausamer Stoiker! Mein Elend ist grenzenlos. Das gewaltsame Heilmittel gibt die Größe des Übels zu erkennen? Stolzer Stoiker! Du machst dich selbst zum Lügner.

Es ist eitle Prahlerei, spricht hier mit triumphierender Miene eine andere Schar, die sich auch rühmt, der Weisheit zu folgen. Es ist eitle Prahlerei, in der Tugend allein sein Glück zu suchen und das Vergnügen von ihr zu trennen. Die Tugend erzeugt in uns eine edle Freude; die Unschuld verbannt die lästigen Gewissensbisse, die die Schuld begleiten; aber sie verschließt denn doch nicht die anderen Tore, durch die das Leiden eintritt, und der Mensch, der da leidet, ist offenbar unglücklich. Willst du glücklich sein, so hege in deiner Brust die schöne Sittsamkeit; aber mache, daß das Vergnügen sie begleite. Jene Feinde verbanne, die die Tugend verbannt; aber alle anderen nimm freundlich auf.

Ihr Lehrer der Weisheit versprecht mir große Dinge, aber die Glückseligkeit, die ihr mir verheißet, ist das Urteil meines Unglücks. Ihr wißt es schon, daß die Tugend allein nicht hinreicht, mich glücklich zu machen. Auch wißt ihr, daß das Vergnügen allein mich unglücklich läßt. Sind sie doch vereint noch nicht imstande, meine Lage zu ändern. Unersättlich sind des Herzens Begierden, wenig sind der Güter und fast alle fern von mir. Wenn die Bosheit eines anderen mir den Weg versperrt, wenn meine dürftige Lage mich zum Hunger verdammt, wenn drückende Krankheit mich foltert, dann lebe wohl, du süße Glückseligkeit! Aber besitze ich auch des Krösus Schätze und was die Erde Gutes hat;

mag auch jedes Mißgeschick auf immer von meiner Tür fernbleiben und alles mir nach Wunsch gelingen: so sehe ich dennoch, ich wiederhole es, in der Nähe das kühle Grab, die unvermeidliche Grenze aller menschlichen Freude. Ebenderselbe freundliche Spiegel, der mir so viel Freude gewährt, erinnert mich treu, daß ich mit jedem Tage mich ihm nähere. Ach! Sollte wohl, was ich draußen auf der Straße finde, mich freudig meinem Ziele entgegenführen können? Die Vergnügen sind nur süße Getränke, die mich einschläfern. Sie können zuweilen das Gefühl meiner Übel betäuben und mich in einen frohen Wahnsinn versetzen; aber mein Los können sie nicht ändern. Wer da lebt, und wie glücklich er auch sei, geht täglich seinem Tode entgegen. Wo ist nun, oh Weiser, seine Glückseligkeit?

Ich höre ferner aufmerksam der Reihe nach die übrigen großen Orakel der menschlichen Weisheit, und ich finde, daß sie mich alle auf gleiche Weise, zu glänzenden Chimären führen. Nach so vielen Lehren finde ich mich am Ende noch ebensoweit entfernt von dem, was ich suche.

Verzweifelt ist also das Los des Menschen, oh ihr gepriesenen Weisen, wenn er keinen besseren Führer als euch findet, und ungeachtet euerer glänzenden Verheißungen ist die Glückseligkeit für ihn ein unbekanntes, unerreichbares Land. Gehabt euch denn wohl ihr Weisen dieser Welt! Mir leuchtet ein besseres Licht.

Zu dir wende ich mich, hehre Gebieterin, heilige Religion, die du mit königlichem Fuße die Erde berührst und dein Haupt über die Sterne erhebst. Gleich der

Taube, die der zweite Vater des Menschengeschlechtes nach der verheerenden Überschwemmung aussandte, überschaue ich die Erde und finde da keinen Platz, wo ich sicher ruhen könnte. Alles ist Verwesung, die mich tötet, ist Sumpf, der unter meinen Füßen weicht und worin ich versinke. Nur dein triumphierendes Schifflein schwimmt sicher über der sumpfigen Erde und kann mir eine sichere Zuflucht gewähren. Ich sehe, wie Paläste und Länder der Glücklichen dieser Welt früher oder später zu ihrem Grabe werden: die höchsten Gebäude des menschlichen Glückes, auch sie gehen unter. Die höchsten Gipfel irdischer Macht türmen sich einige Augenblicke, und dann werden sie auf gleiche Weise von der alles bedeckenden Flut überschwemmt. Und du erhebst dich immer mehr, je mehr die Wasser schwellen, und trägst deinen Schützling in den Himmel.

Der Mensch vernimmt die Stimme der Glückseligkeit, die ihn rief. Seine Weisheit bestrebt sich, die selbe aufzusuchen; aber sein schwacher Blick schaut sie im Dunkeln, und kann sie nicht erreichen. Epikur erkannte sie als er sie mitten unter den Freuden suchte; allein er verlor den Weg, sobald er den Menschen einlud, sie hienieden zu genießen. Es ist wahr, sie wohnt unter den wahren Vergnügen und hat ihren Wohnsitz bei der höchsten Freude; aber das wahre Vergnügen und die höchste Freude finden sich nicht auf Erden. Der Epikuräer bleibt bei seinem Freudengenusse im Elende. Auch derjenige, welcher sie in der Weisheit sucht, schaut einen Strahl der Glückseligkeit; aber dann verliert er den Pfad, wenn er sie sucht in irdischer Weisheit. Der Geist des

Menschen, mit Vernunft begabt, ist ohne Zweifel geschaffen, um sich zu himmlischen Dingen zu erheben, und er kann nicht glücklich sein, wenn es ihm nicht gelingt, aus der herrlichen Quelle der Wahrheit zu trinken. Aber weder die Weisheit allein kann uns vollkommen beglücken, da unser Herz andere Wünsche zu befriedigen hat, noch sind die wenigen Quellen, die wir hienieden entdecken, imstande, diesen edeln Durst zu stillen. Ein anderer nennt den Menschen glücklich, wenn er ihn frei sieht von aller Mühseligkeit. Auch dieses ist ein Preis der Glückseligkeit; aber nicht in ihrer ganzen Ausdehnung. Die vollkommene Glückseligkeit schließt nicht nur alles unangenehme aus, sondern begreift in sich den unendlichen Schatz aller wahren Güter. Es ist also eitle Täuschung, wenn man hofft, hienieden von jedem Kummer frei zu sein. Das ist der menschlichen Natur nicht gegönnt. Und du, stolzer Stoiker, warst sehr nahe daran, als du sie die Tochter der Tugend nanntest. Nur noch einen Schritt, und die Glückseligkeit kam dir entgegen. Aber dein wahnsinniger Stolz hielt dich ab von diesem Schritte und du bleibst noch fern vom Ziele. „Nur die Tugend kann uns glücklich machen." So weit hast du wahr geredet. Aber darin hast du dich geirrt, daß du diesen glückseligen Zustand auf die Erde verlegst. Du glaubtest, die Tugend genüge sich selber, und die Glückseligkeit sei ihr Werk. Auch darin hast du dich geirrt. Die Tugend, obwohl sie die Königin ist, der sich die Menschen unterwerfen müssen, hat unter allen ihren Reichtümern keinen solchen Schatz. Die Glückseligkeit ist der Lohn, den der Himmel der Tugend erteilte. Kurz, der betrogene Mensch findet seine Glückseligkeit nicht, weil er sie nicht da suchet, wo sie zu finden ist. Er sucht sie auf der Erde, wo sie nicht wohnt, und findet anstatt derselben Schatten und verräterische Trugbilder.

Die Religion, verborgen der Weisheit des Menschen, kam vom Himmel, uns dieselbe zu entdecken. Erhebe, oh Mensch, deine Gedanken und betrachte den Abstand zwischen den elenden Werken eines schwachen Sterblichen und eines allmächtigen Wesens, zwischen der Glückseligkeit, die der Mensch sich selber bildet und derjenigen, die ein Gott ihm schafft. Verschmähe das Leben, das sich nur auf wenige Tage beschränkt, vergiß die irdische Hoheit, die nichts anderes als Erniedrigung ist, denke nicht mehr an die Freuden, die mit diesem Leben enden und dich nicht sättigen können; denke nicht ferner an jene Weisheit, die sich der Mensch hienieden sammelt und die nur ein Tropfen der wahren Weisheit ist, oder ein trügerisches Schattenbild, das dieselbe nachäfft. Ein ewiges Leben, frei von allem Leiden, ein ewiger Freudengenuß im Schoße des höchsten Gutes, die unendliche Weisheit des höchsten Wesens, die mir mitgeteilt wird, und eine grenzenlose Liebe, die du besitzest, und seine Schätze, die dir geöffnet sind, dir, dem Herrscher der ganzen Natur und dem Erben des Himmels: das, oh Sterblicher, ist dein seliges Los, für welches du erschaffen bist, das Los, zu dem dich dein Schöpfer berief durch die Stimme der Natur und die Einladung der Religion, das Los, welches der Mensch so lange suchte und nicht finden konnte.

Wohl sagt es dir dein Herz, daß der Tugendhafte verdient, glückselig zu sein, wenn es Einer verdient. Der Tugend allein ist dieses glückliche Los beschieden; aber nicht der Tugend, die die Welt so nennt und dafür ansieht. Die Welt ist eine blinde Richterin, die oft dem geschmückten Laster Beifall winkt und oft die Scheintugend ehrt, unter welcher ein schlechtes Herz verborgen liegt; nicht aber der Tugend, die der Mensch in seiner eitlen Weisheit sich selber schafft; denn er ist ein törichter Beurteiler, Sklave seines eigenen Sinnes! Oft nennt er so die Götzen seiner Eitelkeit und Leidenschaft. Allein die Weisheit, die Gott keinem Irrtum unterwarf, findet eine feste und wahre Tugend, die sich nach den unveränderlichen Gesetzen bildet.

Hier erwidert mir einer traurig mit gesenktem Blicke und in kläglichem Tone: Warum ist mir eine so süße Speise aufbewahrt in einem fernen unbekannten Lande? Soll ich denn mein ganzes Leben elend und unglücklich sein?

Törichter! Sollte sich denn nicht wohl eine ewige Freude um den niedrigen Preis eines kurzen Leidens erkaufen lassen? Doch nein, Sterblicher! Erhebe dein tiefgebeugtes Herz, das dich zum Sklaven der Sinne macht und zu allem geneigt, was dem tierischen Wesen schmeichelt. Befähige dich für die wahre Weisheit und gib acht auf meine Worte. Die Religion verheißt dir eine unaussprechliche Glückseligkeit in einem anderen, besseren Lande. Aber willst du glücklich sein, Sterblicher, auf Erden, wo keine vollkommene Glückseligkeit wohnt? Die Religion allein kann deine Wünsche befriedigen. Jedes andere Gut, das du hienieden außer der Tugend und Glückseligkeit suchest, ist ein Scheingut, ein Schatten, ein Trugkelch, der deine Lefzen mit Süßigkeit anfeuchtet und dann wieder in Bitterkeit verwandelt wird. Die Religion allein kann uns unsere Übel erleichtern, sie allein kann uns dauerhafte Freuden verschaffen in diesem Reiche der Eitelkeit, wo alles Lüge ist.

Aber sie sammelt dieselbe hienieden aus einem fremden Lande und führt sie in den Himmel. Diese Glückseligkeit, die sie uns in ihrem ewigen Wohnsitze enthüllt und durch die wir einst im Vaterlande ruhen werden, erquickt uns schon auf dem Wege. Von da verbreitet sie, wiewohl in der Entfernung, ihr wohltätiges Licht über uns, von da sendet sie uns zur Hilfe Hoffnung und Liebe, und bei ihrer Ankunft ändert alles seine Gestalt.

Dann wälzt dunkle Nacht ihre Finsternisse über diese Erde, alles hüllt sich in Schreckgestalten. Die lieblichsten Gegenstände, umhüllt und bedeckt mit schwarzem Gewölk, liefern dem Auge nur furchtbare Bilder. Öde, Stille und Dunkel bedecken alles, und der Mensch, in diesem verworrenen Chaos umherirrend, findet überall Nahrung seiner Furcht, wankende Schatten, Phantasiegebilde und Irrlichter. Wie schön auch immer der Wohnsitz des Menschen ist, welche dunkle Nacht von Furcht und Ungewißheit bedeckt ihn ohne das wohltätige Licht der Religion! Die Zukunft ist ihm mit einem undurchdringlichen Schleier verhüllt. Hinter demselben, und wer weiß, in welcher Entfernung, liegen die traurigen und bitteren Ereignisse verborgen. Alles, was er

Gutes besitzt, ist den Einflüssen dieser unbeständigen Atmosphäre unterworfen. Jeder Augenblick kann ihn berauben, jeder Windeszug kann sein Glück umstürzen, jeder Sturm kann seine hinfälligen Schätze in den Wellen vergraben, kann zerstören und rauben die Götzen, die er anbetet. Und wenn er auch das wenige Gute, das er in seiner Armut noch besitzt, verliert, welcher Trost bleibt ihm dann noch? Und wenn er mitten unter den Fluten untersinkt, und in der Tiefe des Meeres begraben wird, wohin und an welches Gestade, an welche Klippe wird ihn der Schiffbruch schleudern?

Die Religion leitet den Menschen, seine Wohnung dort aufzuschlagen, wo die traurigen Ereignisse der Erde keinen Zutritt haben, die die Hütte des blinden Menschen, der seine Wohnung auf diese Erde beschränkt, mit Jammer erfüllen. Der fromme Mensch vereinigt damit die unvergänglichen Schätze, die keine Diebe rauben können. Dahin zieht er sich zurück, wenn hienieden der Sturm ihn bedroht, da bleibt er sicher. Nachdem er alles verloren, was man auf Erden schätzt, bleibt ihm doch eine Träne übrig für die Glücklichen dieser Welt. Ein Bettler verzweifelt wegen des Verlustes eines Pfennigs; ein König verliert Talente Goldes mit lachendem Munde: aber der eine klagt, weil ihm nichts mehr bleibt, den Hunger zu stillen, der andere besitzt noch unermeßliche Schätze. Der ohne Religion ist ein Bettler. Der fromme Mann ist König und sein Reich unterliegt nicht dem Wechsel, dem die Throne dieser Erde ausgesetzt sind, und ist nicht eingeschränkt auf den kurzen Kreislauf dieser Zeit. Er allein kann mitten im Mangel an

72

allen irdischen Dingen lachen, er allein kann mit fester und heiterer Stirn das Schifflein seines sterblichen Lebens versinken sehen.

Vergebens täuscht man sich mit lustigen Chimären. Wer da sagt, daß er die Übel nicht finden könne, wovon die Erde voll ist, der ist ein Elender, welcher faselt; er heuchelt Glückseligkeit. Keiner würde es wagen, diese Worte auszusprechen, wenn der schwache Blick der Sterblichen in sein Herz dringen könnte. Beim Eintreten in diese Welt begrüßen wir mit Tränen und Wimmern das Tageslicht, mögen wir in ländlicher Hütte oder in einem königlichen Palaste die Augen öffnen. Dieses ist der Laut, den die weise Mutter, die nimmer lügt, allen auf die Zunge legt, dieses ist die Sprache der Natur. Es ist wahr, daß wir allmählich wieder vergessen. Es scheint, daß, sowie der Mensch wächst, seine Tränen immer abnehmen. Aber darum ist sein Los noch nicht glücklicher. Er verwöhnt sich, töricht zu scherzen mit dem trügerischen Scheine des falschen Gutes. Und dann sind auch nicht selten die tiefsten Wunden die, welche am wenigsten bluten. Ein gar zu schwacher Trost für die Leiden der Menschen ist oft die Klage, wenn er die blühenden Jahre zurückgelegt hat und die Täuschung gleich einem Nebel verschwinden sieht, die ihm am Morgen des Lebens Glückseligkeit in einem noch unbekannten Lande verhieß. Gleich einem Pilger, der die Wüste, die er durchwandert, immer weiter vor sich ausgedehnt erblickt, sieht er mit jedem Schritte die Gegenstände des Leidens sich vervielfältigen, rauhe und steile Felsen, die kaum zu ersteigen sind, dürre unwirtbare Sandwüsten, dornige Pfade, unwegsame, verwundene Gebüsche, tiefe Flüsse und gefährliche Untiefen, wilde auflauernde Räuber. Er wendet sich hierhin und dorthin; aber wer verquickt ihn, wer reicht ihm Hilfe, wer schützt ihn? Er sieht seinesgleichen auf demselben Wege wandeln; aber welchen Vorteil kann ihm das gewähren? Ach! Die Menschen sind größtenteils die Urheber ihrer eigenen Leiden. Und dann sind auch sie elend, auch sie wandeln beschwerliche Wege und leiden Mangel an allem, jeder ist beschäftigt mit seinem eigenen Unglück, das ihn taub macht gegen fremdes.

Wo es nicht am Wollen fehlt, da fehlt es oft am Können. Kaum erhält er in seinen Unglücksfällen von den Gefährten seiner Pilgerschaft einen kargen und seltenen Tribut fruchtlosen Mitleids. Ach! Wie viele unserer Übel sind eben so unvermeidliche als unheilbare Wunden! Du allein, oh Religion, gießest mir einen heilenden Balsam über alle. Durch dich erhebe ich aus dem schauerlichen Dunkel meiner irdischen Wohnung den Blick zu den Sternen, ich schaue den Himmel an und ich finde mich nicht mehr allein, nicht mehr hilflos. Ich sehe den Allmächtigen, der meine Schritte zählt, der mit liebender Sorgfalt über alle Augenblicke meines Lebens wacht. Für ihn bin ich bestimmt, er erwartet mich am Ende der mühevollen Reise und lenket indessen sowohl die angenehmen als traurigen Ereignisse zu meinem Besten. Er begleitet mich stets auf meinem Wege. Er hört meine Stimme, sammelt meine Seufzer, sieht mitleidsvoll herab auf den Kummer meines Herzens. Armut umgibt mich und ich schleppe mühsam unter der

Last der Dürftigkeit die langen Tage. Der reiche Geizhals schaut mich trotzigen Blickes an und geht schnell an
mir vorüber. Der Große der Erde sieht stolz auf meine
zerrissene Kleidung herab und fürchtet, seinen vorneh-
men Blick zu entehren. Mein Elend hält die übrigen
Menschen von mir fern. Der Allmächtige wohnt in
meiner Hütte und beehrt mich mit dem Namen Freund
und Sohn. Er hat Mitleid mit meinem Elende, und mit
liebendem Herzen redet er mir zu, tröstet und stärkt
mich. Der Fromme, auf das Schmerzenbett hingestreckt, ist dennoch nicht trostlos, während die Erde für
ihn nur Schierling hat und die Natur bloß Wermuttrank
seinen Lippen reicht. Der Himmel reicht ihm denselben
und der Glaube führt ihn dorthin, wo sich jetzt die
glücklichen Scharen befinden, die einst eine Zeit lang
hienieden in Drangsal gelebt. Er sieht sie jetzt mit
himmlischem Glanze umgeben. Der Glaube zeigt ihm
wie der Fromme, der auf dieser niedrigen Erde duldet, in
jenem seligen Lande ewige Palmen und unsterbliche
Lorbeeren pflückt; zeigt ihm, wie die Ketten, die Dornen, die Pfeile tief eingedrungen und das Blut derjenigen,
die ihren Herrn getreu dienten, nun zu Siegestrophäen
geworden sind. Er zeigt ihm dieses schöne Reich und
spricht zu ihm: Siehe da den Lohn desjenigen, der hienieden der Frömmigkeit treu bleibt. Auf diese Worte
steigen von oben herab in seine bescheidene Wohnung
Hoffnung, Stärke und Mut, und trocknen die Tränen
und heilen die Wunden desselben und teilen seinem
Herzen den himmlisch süßen Nektar von jenen glücklichen Blumen mit, die nie verwelken.

Wie, wenn der erzürnte Nord das Felsengebirge des Atlas bekämpft und seine rasenden Stürme entfesselt, vergebens umher der brausende Sturm tobt, und es, während die untersten Gründe von Platzregen und Hagel getroffen werden, seinen hohen Scheitel stolz über das dunkle Gewölk erhebt und unter einem heiteren Himmel der wütenden Stürme spottet: So genießt der Fromme harmlos eine süße Ruhe und wohnt mit seinem Geiste in höheren Regionen, während der gebrechliche Leib unter den Einflüssen des Klimas leidet.

Tierischer Mensch, das Innere des Frommen bleibt dir immer ein Geheimnis, das dein schwacher Blick nicht zu enthüllen vermag; aber willst du die Wunder desselben sehen, inwiefern sie dein irdisches Auge sehen kann, so schaue auf jenen Idumäer, der auf dürrem Grase daliegt, mit tausend Wunden bedeckt, wimmelnd von Würmern. Siehe, wie er hager, kaum einem lebenden Menschen gleich, aller Kräfte beraubt, vom Fieber verzehrt, vom Schmerze aufgerieben wird. Noch sind nicht zwei Monate verflossen, da er unter stolzem Dache lebte und hundert Sklaven seinen Winken gehorchten. Gesundheit und Kraft blühten auf seinen Wangen; kaum konnte er seine fetten Schaf- und Rinderherden zählen. Hundert ergiebige Felder, hundert fruchtbare Weinberge, zollten ihm ihren Tribut für seinen reichen Tisch. Diesen umringte eine Schar von Kindern, die seine höchste Freude ausmachten. Nun sind alle seine Schätze eine Beute der Feinde. Eingestürzt sind die Wohnungen oder ein Raub der gierigen Flamme geworden, zerstört die Paläste und die Kinder an Einem

Tage vom bitteren Tode dahingerafft. Nichts mehr bleibt ihm übrig, als die traurige Erinnerung an sein voriges Glück und das böse Weib und einige falsche Freunde, die in seinem Unglücke ihn noch verspotten. Eine solche Flut von Unglücksfällen war wohl geeignet, die schwache Menschheit ganz zu Boden zu schlagen. Und dennoch bleibt dieses Herz mitten im schauerlichen Sturm unerschüttert und beherrscht alle seine Bewegungen wie wenn Wind, Himmel und Meere schwiegen, und beugt sich nicht klagend beim Andrange der Fluten und weicht nicht dem Ungestüme der Wogen. Unter den unschuldigen Klagen, die der Schmerz so gewaltsam jenen sterbenden Lippen erpreßte, vernimmt man hochherzige Gesinnungen von Standhaftigkeit und unbeugsamem Mute, und unter der Todesblässe glänzt noch auf diesem Schmerzensantlitze liebliche Heiterkeit. Wer gab doch diesen Herzen so edlen und festen Mut? Wer erhielt in diesen schon längst aufgelösten Gliedern eine solche Stärke? Nicht die Erde, oh Mensch, nicht die Natur. Der Himmel allein und jene heilige Frömmigkeit, die Königin aller wahren Tugend, die der Himmel einflößt. Diese erhebt den Geist von der Erde, wo alles Bitterkeit ist, in die Wohnung des Trostes. Sie zeigt ihm dort unter dem Glanze des ewigen Lichtes jenen unendlichen Geist, der alles lenkt. Diese versichert ihn, daß alle Ratschlüsse Gottes Ausflüsse seiner Weisheit, Gerechtigkeit und Liebe sind. Sie zeigt ihm jenseits des Grabes jenes andere Leben, wo man den Lohn für irdische Leiden davonträgt; zeigt ihm den Erlöser des Menschengeschlechtes, der seiner dort

harret mit der hohen Belohnung der demütigen Hinge-
bung in seinen Willen. Bei diesem Anblicke fällt er zu
den Füßen des Allgütigen und überläßt sich ganz seinen
Anordnungen und betet ihn an mit Ergebung. Liebevoll
umfaßt er die Hand des Ewigen, und küßt sie auf gleiche
Weise, sei es, daß sie ihn erhöhet oder niederdrückt, daß
sie ihm schmeichelt oder ihn geißelt. Solange es dir
gefiel, habe ich mit Dank und Erkenntlichkeit das Gute
empfangen; von dir, Allmächtiger, nehme ich auch voll
Erkenntlichkeit und Dank das Böse an. Stets sei dein
heiliger Name gepriesen! So spricht der Gottselige, und
bei so großem Schauspiele schweigt die erstaunte Erde
und es jauchzet der Himmel: irdischer Mensch, hast du
es gesehen? Komm´ und durchwandere mit mir die
römischen Provinzen von den wilden Zeiten des grausamen Nero bis auf den glücklichen Besieger des Ma-
xentius und Licinius. Sieh´, welche Grausamkeit die
heidnische Wut überall verbreitet! Laß uns eindringen in
die Wüsten und in die stillen Höhlen, vorher Aufenthalt
der wilden Tiere und nun bevölkert von Verbannten,
deren ganzes Verbrechen die reine Unschuld ist. Alles,
was die Härte dieses Lebens mildert, ist ihnen geraubt.
Sie sind von der Welt gehaßt und Schlachtopfer des
Kummers und endlosen Leidens; aber sieh´, ob ich in
ihnen eine Spur finde von Mißmut oder von Unruhe,
sieh´, ob du je auf dem Antlitze eines glücklichen Welt-
mannes den süßen Frieden so heiter lächeln sahst? Folge
mir in die Marmorgruben und in die tiefen Schachte der
Bergwerke. Dort arbeitet ein Volk, lebenslänglich zu
dieser Strafe verdammt. Dort ist kein Unterschied zwi-

schen Stand, Ehrenstelle und Alter; keine Schonung gegen Hoheit, oder Adel oder Hilflosigkeit. Der eine grausam verstümmelt und gelähmt am Fuße, der andere durch glühendes Eisen geblendet, preisgegeben der Roheit unbarmherziger Aufseher, kärglich genährt mit Brot und Wasser, schmachten sie alle, an diesem langwierigen Straforte, ohne Hoffnung, je befreit zu werden, bis der Tod sich ihrer erbarmt. Dennoch möchte man es ein Volk nennen, das in Freude lebt. Anmut und Heiterkeit schmückt ihre Stirn, Frohsinn begleitet sie zur harten Arbeit, und so oft sie den Mund öffnen, trieft Honig von ihren Lippen. Schau´ die Gefängnisse des römischen Reiches ganz angefüllt mit Menschen, die zum Tode verurteilt sind, gleich den gräßlichsten Verbrechern. Der eine schmachtet, ausgespannt in dem harten Blocke, der andere liegt halb entseelt durch die tief geöffneten Wunden, der dritte ist ohnmächtig und stirbt hin vor Mangel. Man sollte glauben, nur Verbrecher zu sehen, zitternd vor Furcht und die Gewissensbisse auf der Stirne gezeichnet; und man sieht nichts als Helden. Ihr bloßer Anblick verkündet schon ihren übermenschlichen Mut. Zuversicht begleitet sie und eine unbekannte Majestät, die sie umgibt, macht sogar ihre Bande ehrwürdig. Horch, von welchen Gesängen diese Gefängnisse, vorher Wohnungen des Schreckens und jetzt der Freude, ertönen! Nun folge mir anderswohin, dringe durch die Menge der Zuschauer, geh´ in die Gerichtssäle, begib dich auf die öffentlichen Plätze und in die ungeheuren Amphitheater. Ach! Da ist alles befleckt von Menschenblut und angefüllt von zerfleischten Leichnamen und verstümmelten Gliedern. Wild schaut der Tod in tausend schrecklichen, schauerlichen Gestalten. Die Grausamkeit, seine Dienerin, ist überall geschäftig, Strafen zu erfinden. Hier ächzt die Folter, dort krachen die Räder, hier brüllen die wilden Tiere, dort zischen die Peitschen, am einen Orte blitzen die Schwerter, am anderen droht das Beil, hier brennt langsames Feuer, dort erfüllen große Scheiterhaufen die Luft mit dem schwarzen, unerträglichen Qualm verbrannter Menschen. Du hast die Schlachtopfer vor dir. Schau´ nun, ob du je so entschlossene Herzen und unerschrockene Gestalten sahst!

Du rühmst mir einen Cato. Sieh´, ich zeige dir auf dem Kampfplatze mehrere Millionen, die mit gleichem Mute dem Tode entgegengehen. Du rühmst mir einen Krieger, der unter den Waffen aufgewachsen ist. Ich zeige dir zarte Jungfrauen, aufgewachsen in den Schatten des väterlichen Hauses, zarte Kinder und schüchterne Mädchen und hinwelkende Greise. Dein Held entzieht sich auf einmal einem Schicksale, das er nicht ertragen kann. Ihnen droht kein bitteres Geschick; ihre Tage stehen in ihrer Gewalt und dazu noch ladet sie lächelnd das schmeichelnde Glück ein, ihr Leben zu schonen. Der Weg steht ihnen offen zu allem was der Mensch hienieden Erfreuliches genießen kann. Dennoch wählen sie mit solcher Standhaftigkeit den Tod, bekämpfen die Tormente, und ehe sie das Feld der harten Versuchung verlassen, fallen sie kraftlos als ein Opfer, aber als siegreiche Kämpfer desjenigen, der die Natur erschüttern und den kühnsten Mut des Mannes niederbeugen kann.

Gegen sie erhebt sich schwarze Verleumdung und befleckt mit dem schändlichen Makel erdichteter Verbrechen ihre Namen, wofern sie sich nicht den Winken der gebietenden Gottlosigkeit fügen. Hier lerne die wahre Ehre kennen, blinder Bewunderer der stolzen Roma. Lieber wollen sie für ehrlos gelten, als ihrem Gott untreu werden, und vor dem stolzen Prunke einer scheinbaren Gerechtigkeit leben sie als Schuldige, um unschuldig zu sterben. Sollen sie eines schnellen Todes sterben, fliehe, sie stehen bereit. Und nötigt man sie, unter langwierigen Qualen zu schmachten, so ermüden eher die Schergen, die sie foltern, als sie, die Leidenden. Beurteilt man sie, jahrelang nach der Willkür eines Wüterichs zu leiden, so besiegt ihre Standhaftigkeit alles. Sie wollen nicht niederträchtig auf einmal ihre Leiden abkürzen. Sie tragen die Last derselben, so lange das mühebeladene Leben währt.

Aber wodurch werden denn doch diese Felsenherzen so unüberwindlich? Komm´, Irdischgesinnter, und erkenne doch einmal den Unterschied zwischen dem Stolzen und dem Frommen, zwischen dem Verzweifelten und Starken, zwischen dem Stoiker und dem Christen. Die Religion leitet sie in diesen harten Bedrängnissen, die Religion benimmt ihnen den natürlichen Abscheu vor den schrecklichsten Übeln, mildert ihre Tormente, entwaffnet jedes Menschenelend und raubt sogar dem Tode seine Bitterkeit. Der irdische Mensch hat im Leiden nur soviel Kraft, als die Natur im gibt. Er trägt nur die Last, die sie tragen kann; dann aber wankt er und sinkt. Der Fromme erhebt sich unermesslich weit über die Kräfte der Natur. Die Religion verleiht ihm übermenschlichen Beistand, himmlische Kraft, englische Stärke. Der irdisch gesinnte Held im Leiden ist nur ein Mensch. Der Fromme ist ein Mensch, mit göttlicher Stärke ausgerüstet. Sein Kraftmaß ist die Macht des Unendlichen. Die Religion stiftet zwischen dem Menschen und Gott einen heiligen Bund, und so wird der Mensch allmächtig durch Gottes Macht.

Fünfte Nacht

Die Religion und die Liebe

Während die Menschengeschichte uns die Großtaten der Könige und Feldherren rühmt, während der Ruf von einem Pole zum anderen die glänzenden Namen der Volksbesieger erhebt, und die Erde staunend über die Siege, wodurch Thronen stürzen, ihren Blick heftet auf die vergötterten Überwinder, erhebe ich meine Gedanken zu einem höheren Gegenstande. Mein Held ist ein Armer, der unbekannt und im verborgenen seine Tage verlebt, aber in Gottseligkeit. Auf jene schaut die Erde, auf diesen der Himmel. Jene ernten die Lobsprüche irregeleiteter Sterblicher, diesem erteilt der ewige Richter seinen Beifall. Der Triumph von jenen endet mit diesem Leben, der Ruhm des Frommen aber beginnt am Grabe und wehrt durch die ganze Ewigkeit.

Du, oh Macht, Bild derjenigen, die einst die Asche und den Ruhm menschlicher Größe bedecken wird, flöße mir jene Empfindungen ein, die alle Menschenherzen ergreifen werden nach der großen Szene der allgemeinen Enthüllung, und laß sie zu der Gesinnung werden, nach der ich meine hinfälligen Tage ordne. Und du, der du die ewige Wahrheit, der Weg und das Leben bist, ohne dessen Licht alles finster und schauerlich ist, ach! Sende einen Strahl in meines Geistes Finsternis und erleuchte mich. Gib mir Licht, daß ich auf sicherem Wege dem Ende meiner Verbannung entgegen gehe. Die Religion ist es, die mich dorthin leiten soll. Dieses hohe Geschenk von dir ist meine Betrachtung in dieser Stunde.

Dies ist die Stunde, in welcher der Geizhals im stillen das verborgene Gold beschaut. Dies ist die Stunde, da der Weise dieser Welt, der Ruhe entsagend, sich tiefen Forschungen hingibt, die seine Eitelkeit nähren. Zu dieser Stunde erhob sich ehemals von seinem Lager der Vater des weisesten Königs, Gottes Größe zu betrachten, und bei nächtlichem Dunkel erschaute er jene hohen Geheimnisse, die seine prophetische Harfe besang. Du, unendlicher Geist, der du über ihn herabkamst, führe dieses Herz zur tiefen Einsicht deiner Aussprüche und deiner ewigen Wahrheiten. Nichts von allem, was den irdischen Menschen ergötzt, kann mich erfreuen. Das tadellose Gesetz meines Herrn ist meine einzige Wonne hienieden. Die heilige Religion ist die einzige Zuflucht, worin mein Herz seine Ruhe findet, bis es zur ewigen Ruhe gelangt.

Ohne die Religion erstreckt sich des Menschen Weisheit nicht über die Zeit und das sterbliche Leben hinaus. Innerhalb dieser engen Sphäre bewegen sich alle seine Begierden, Hass und Liebe, Hoffnung und Furcht, die in seinem Herzen wohnen. Hier beginnen und enden alle seine Pläne und Werke. Bei dem Frommen ist nur der Körper in diese Schranken eingeengt; sein Geist erschwingt sich über die Sterne. Sein irdischer Sinn wird verscheucht gleich dem schweren Gewölk, welches nur mit dem unteren Saume die Erde streift. Hell und rein über ihm strahlt die Vernunft, der Sonne gleich, und will er sich je erheben und sie verdunkeln, so zerstreut und schwächt sie ihn durch ihre Strahlen. Er atmet in höheren Regionen; – die Ewigkeit, der Himmel ist das Land, worin er wandelt. Der furchtbare Herrscher des Weltalls ist die Quelle, aus der alle seine Begierden entspringen, und das Meer, worein sie sich ergießen. Der Fromme gehört nicht mehr dieser Erde an.

Gleich der Raupe, die zuerst mühsam auf der Erde kriecht und dann sich einspinnt und in der engen selbstgebauten Wohnung die erste Hülle ablegt, dann beflügelt hervorkriecht und sich zu den Wolken erhebt, so hat auch der Mensch ein doppeltes Leben. Zuerst sieht man in ihm nur ein schwerfälliges Tier, das über die Erde hinwandelt. Aber nachdem es abgestreift die irdische Hülle, soll einst der beflügelte Geist sich erheben und die ganze Schöpfung, die unermeßliche Ewigkeit zu seiner Wohnung einnehmen. Hienieden unterscheidet sich der Weise von dem Toren. Jener strebt in allem nach dem wahren Leben und ist einzig darauf bedacht, sich von dem Irdischen, Tierischen loszusagen. Wie der Schmetterling in den Tagen des Frühlings auf den Blumen sich wiegt, so erhebt sich der Weise auf den Flügeln erhabener Tugend beim Herannahen des Todes in jene heitere Regionen, wo die Blumen der ewigen Freude sprossen. Der andere bleibt verborgen unter der irdischen Hülle und heftet sich daran mit immer festeren

Banden. Unterdessen kommt der Tod und ruft ihn hinüber ins andere Leben; er aber bleibt zusammengekrümmt und ohne Flügel in der dunklen Wohnung verschlossen, ein armer Erdenwurm mit ewiger Blindheit geschlagen. Siehe da, wohin das Wissen des Toren hinausgeht, siehe die gepriesene Weisheit der Welt! Er kennt nur das Tierische an sich und kümmert sich um nichts anderes, einzig bedacht auf die Erdengüter, und zufrieden, wenn er dieselben bis zum Grabe genießen kann, spottet er des Weisen, der hienieden streng und enthaltsam lebt. Der eine ist ein Mensch, der in wenigen Tagen der Unmäßigkeit sein Getreide aufzehrt und läßt sein Feld brach liegen; der andere lebt nüchtern, um etwas zur Aussaat zu ersparen. Kommt nun die Zeit der Ernte, so sammelt dieser hundertfältige Frucht seiner Ersparnis und seiner Arbeit; jener aber stirbt vor Hunger.

Gott hat den Menschen geschaffen, um ihn mit sich zu vereinigen und ihn vollkommen glücklich zu machen. Aber der Mensch muß erst lernen, wie viel ihm noch mangle, bis er zum Besitze eines so hohen Gutes gelangen kann. Er muß in der Ferne schon ein heißes Verlangen nach demjenigen haben, der einst seine volle Seligkeit sein soll. Er muß zuerst tief gebeugt zu ihm rufen, ehe er ihn sieht, muß erst die Qual eines liebenden Herzens fühlen, welches nach dem Geliebten sich sehnt und, wiewohl noch fern von ihm, schon ganz in ihm lebt. So will es die Liebe des höchsten Wesens. Aus Liebe verbirgt sich Gott seinem Geschöpfe, so lange es die irdische Hülle noch trägt. Jedoch will er uns in unserer Verbannung nicht ganz verlassen, sich uns nicht ganz entziehen. Einen hohen Trost, einen mächtigen Beistand gibt uns seine heilige Religion. Diese milde Trösterin eröffnet einen edlen Verkehr zwischen dem Pilger hienieden und seinem verborgenen Gott, und bringt die Herzen näher und beginnt schon, sie eins zu machen mit ihm. Sie lehrt den Menschen, seinen Gott zu suchen mit liebender Sorgfalt. Sie gewöhnt uns, nach ihm zu seufzen und ihn zu lieben, ehe wir ihn besitzen, uns würdig zu machen einer näheren Vereinigung mit ihm. Die edle Jungfrau, verlobt mit dem fürstlichen Bräutigam, den Länder und Meere von ihr scheiden, sendet ihm ohne Unterlaß Briefe und Boten und tausend und abermal tausend Liebesbeteuerungen eines Herzens, das schon ganz sein ist. So verhält es sich mit dem Leben des Menschen auf Erden; sein Herz ist voll von dem erhabenen Gegenstande, der einst unser sein soll. Die Religion erfüllt unsere Brust mit jenen edlen Gesinnungen die unsere Würde erfordert, sie entzündet und nährt in uns die schöne Flamme, die so hoch emporstreben soll. Unter ihrer Leitung bringt der Mensch seinem Herrn, den er noch nicht sieht, eine beständige Huldigung dar durch den Glauben, durch Gehorsam, durch brennendes Verlangen, durch Ehrfurcht und Liebe. Durch sie weiht sich das Geschöpf ganz seinem Schöpfer und entsagt ganz seinem eigenen Willen, um nur ihm zu leben.

Glücklicher Pilgrim, der du so auf Erden wandelst! Was ist wohl deiner Hoheit zu vergleichen? Für dich dieser Verbannungsort nichts Großes mehr. Die Natur hat nichts, was deiner würdig wäre. Der Allmächtige würdigt sich, mit dir umzugehen; er, der Unsichtbare, wohnt in deiner Brust, um deine Liebe zu belohnen. Du bist sein Wohlgefallen und er dein höchstes Gut. Auf der ganzen Erde ist nichts mehr, wonach du verlangen könntest. In ihm besitzest du schon den Gebieter über alles; in ihm findest du alles. Wer Gott besitzt, besitzt alles und die ganze Welt ist nichts im Vergleich mit einem solchen Besitze. Die Liebe spornt uns an, an solche Gegenstände uns zu heften, die uns ein besseres Los verheißen. Der arme Mensch sucht anderswo jene Seligkeit, die er in sich selber nicht findet. Aber was findet er wohl an den Erdensöhnen? Unvollkommene Wesen, gleich ihm. Ihre Tugend ist mangelhaft, die Wünsche ihres Herzens sind nicht rein und ihre Neigung ist gebrechlich wie ihr Leben. Ein Schatten des Verdachts kann dieses Herz, für welches er seufzt, von der Liebe zum Hass umwenden. Ach! Wie wenig vermag die standhafte Liebe dem Wechsel zu widerstehen, welchem alles auf diesem stets bewegten Meere unterworfen ist. Wer liebenswürdig schien, solange er im Glanze des Thrones und an der Gunst des Fürsten sich sonnte, erscheint nun ein ganz anderer, wenn er durch Verleumdung des scheelsüchtigen Feindes verbannt ist. Solange dich von allen Seiten das Glück mit seinen Gaben anlacht, findest du Herzen voll von Liebe; trifft dich das Unglück, so findest du nichts als Herzen von Eis. Eine häßliche Wunde, eine unheilbare Krankheit verwandelt die Schönheit, die früher das Idol von tausend Herzen war, in einen Gegenstand der Gleichgültigkeit und des Ekels. Und dann, wie könnte die Liebe eines hinfälligen Wesens meinen Wert erhöhen? Wir bleiben beide sterblich. Meine Lebenstage gewinnen nicht an neuem Herzensadel, sie bekommen keinen neuen Zuwachs an Verdienst, keinen neuen Reichtum an Tugend. Wir sind nur zwei Bettler, die in unserem Elende gemeinschaftliche Sache machen.

Die Liebe meines Gottes, die Liebe, die mich an ihn bindet, zeigt mir ihn als ein Wesen, das alle wahre Größe und übermenschliche Hoheit in sich begreift. Er ist der Urquell aller wahren Tugend, der fleckenlosen und unwandelbaren Reinheit, hocherhaben und aller Liebe würdig. An ihm finde ich eine Schönheit, vor welcher das Licht der Sonne erbleicht, die über alle Wechsel in Zeit und Ewigkeit erhaben ist. Seine Liebe ist beständig, nimmt nicht ab und verläßt mich nicht, wenn ich nicht undankbar ihn verlasse. In ihm finde ich die ewige Treue. Er liebt mich nicht um der Güte willen, die ich besitze, sondern aus Mitleid über meinen kläglichen Zustand, um mich zu bereichern mit seinen unermeßlichen Schätzen und sich selbst, als das höchste Gut, mir zu schenken. Er nimmt meine Liebe an, sei ich der niedrigste aller Menschen, oder mit glänzendem Diademe geschmückt. Er liebt mich auf gleiche Weise, wenn ich von allen Menschen verachtet und zertreten werde, und wenn mir, wie den Großen dieser Erde, alles huldigt. Sowohl gesund, als von häßlicher Krankheit befallen, bin ich ihm angenehm. Ich finde in ihm eine volle, unendliche Glückseligkeit. Seine Liebe bereichert mich mit dem allerhöchsten Gute. Seine Liebe reinigt mich von allem, was irdisch und niedrig ist. Er verleiht mir Sinn, Willen und Neigung, gleichförmig dem hohen, edlen Vorbilde, er erhebt mich zur Gottähnlichkeit. Hehre Religion, dir verdanke ich diese selige Los!

Obgleich sterblich, schau' ich schon durch dich meinen Gott. Du bildest in diesem sterblichen Fleische den neuen Menschen, der einst ohne Hülle ihn schauen soll. Dieser beginnt als Fremdling auf der Erde ihn zu schauen durch den durchsichtigen Schleier, der ihn verhüllt. Er redet mit ihm und ruft ihn an jeden Augenblick und horcht auf seine Worte, die Worte des Friedens, der Hoffnung und der Liebe sind, sie entzünden und entflammen sein Herz. Er fühlt ihn in seiner Brust, dort sucht und findet er ihn, schließt sich an ihn und ruft aus im Übermaß der Liebe: Wer wird mich trennen von der Liebe meines Gottes? Trübsal oder Angst, oder Hunger oder Armut, oder Gefahren oder Schwert? Oh, alles dieses überwinde ich durch die Liebe dessen, der mich zuerst geliebt hat. Nein, weder Leben noch Tod, weder Macht noch Gewalt der Erde oder des Himmels werden mich jemals von ihm trennen können! Darauf ruft er im Übermaß der Liebe voll Ungeduld dem Tode, ruft, daß dieser die Scheidewand durchbrechen und die Bande des tierischen Lebens zerreißen möge, damit er sich endlich ganz umwandeln und Gott ähnlich werden könne.

Das sind Geheimnisse für den, der in sich nur den irdischen Menschen findet. Indessen erleuchtet auch jetzt noch der Himmel die Blinden. Oh du, dessen schwacher Blick nicht tiefer eindringt, komm' und sieh'

die Wirkung von dem, was du nicht verstehst, und aus
der Wirkung lerne die Ursache kennen. Du kennst die
Lockspeise dieser Erde. Vergnügen, Ehre und Reichtum
ist das Element der Irdischgesinnten. Ich zeige dir andere Menschen, denen diese Speise nur Ekel und Abscheu
erregt. Die Armut ist dir zur Last, entblößt sein von
Erdengütern, verächtlich und niedrig erscheinen unter
den Menschen, ein kummervolles Leben führen, darob
erschaudert die Natur. Komm', und schau' andere Menschen, denen alles dieses leicht und wonnig ist.

Siehe, da stehen einige Männer von niedriger Her-
kunft, aber Anhänger eines neuen Gesetzes, das alle
Länder und Königreiche dieser Erde unterjochen, die
Götzentempel zerstören und die ganze Welt erneuern
soll, vor dem hohen Rate der Juden und werden auf
Befehl desselben gegeißelt. Das Volk erwartet sie, um sie
zu beschimpfen. Mit lächelnder Miene treten sie hervor.
Sie freuen sich, weil sie gewürdigt werden, Schmach und
Mißhandlung zu leiden wegen des anbetungswürdigen
Mannes, dem ihre ganze Liebe geweiht ist. Das neue
Gesetz findet nun Anhänger. Schon vermehren und
verbreiten sich die Freunde desselben im jüdischen
Lande. Aber sonderbares Volk! Der eine bestrebt sich,
alles zu verkaufen und auf alles zu verzichten, um sich
zum Bettler zu machen; der andere wird auf Befehl der
Obrigkeit seiner Habe beraubt, freut sich darüber und
geht fröhlich in die Verbannung. Über die ganze Erde
hin verbreiten sich die Anhänger dieser Lehre, immer
verkündend die nie gehörten Aussprüche des Himmels,
und überall erhalten sie zum Lohne der Mühsale Steini-

gung, Geißelstreiche, Schiffbrüche, Hunger, Bande und Tod. Dennoch wächst ihre Freude immerfort unter diesen für irdische Menschen so schaudervollen Auftritten. Einen von ihnen höre ich, mit Schmach überhäuft und den ganzen Körper mit Wunden bedeckt, ausrufen, daß seine Freude das Gefühl seiner Leiden weit übersteige. Einen anderen sehe ich mit hoher Freude das Kreuz umarmen, an dem er sterben soll, und nennt es sein erwünschtes Kreuz. Die Erde bietet ihnen Dornen an; daher ihre Freude. Was in ihnen irdisch ist, leidet; aber was himmlisch ist, freut sich einer unaussprechlichen Seligkeit. Sieh', das ist das Wunder, das die Blicke der Welt auf sich zieht. Diese sieht sich endlich genötigt, einem so großen Lichte zu weichen, und alles wird voll von diesen Engeln auf Erden, von himmlisch gesinnten Menschen. Schon strömen von allen Seiten Menschen herbei, den unter niedriger Hülle verborgenen Adel zu schauen und die Seligkeit des in Kerker und auf Scheiterhaufen leidenden Christen zu erfahren. Der Große dieser Erde steigt herab von seiner hohen Stufe, legt beiseite die ehrenvollen Zeichen seiner Würde, die ihm nun verächtlich erscheinen, und entschließt sich zu einem dunklen und von allen Prunke entfernten Leben. Die ehrwürdige Matrone verbannt den reichen Schmuck, die Auszeichnung ihres hohen Standes; aus ihren geräumigen Palästen entfernt sie das kostbare Gerät und die Schätze, bestimmt für die Armen, und freudig ergreift sie ein armes und niedriges Leben. Die edle Jungfrau verachtet hochherzig die Blüte und Schönheit der Jugend, verschmäht die Freuden der

Welt, verzichtet auf jeden irdischen Bräutigam, verlebt ihre Tage einsam und verborgen in häuslicher Stille, in strenger Selbstverleugnung, wie abgeschieden von dieser Welt. Religion, du geleitest alle diese Seelen von dem irdischen zu jenem in Gott verborgenen Leben! Sie leben auf der Erde, aber nicht mehr für die Erde. Als Zöglinge des Himmels, als Vertraute Gottes leben sie von seiner Liebe.

Glückliche Wüste von Thebais, jetzt bevölkert mit so ruhmwürdigen Bewohnern, welch ein Schauspiel des Trostes, der Bewunderung, der Freude und des heiligen Wetteifers seid ihr für mich! Dort seh' ich Menschen zu Tausenden, fern vom Gewühl dieses Lebens, jedes Band zerreißen, das sie an die Erde knüpft. Verbannt sind da die eitle Pracht, die Ergötzlichkeiten und die irdischen Freuden. Verschmäht wird jede unnötige Pflege des Körpers, um diesen Sklaven unter der Herrschaft des Geistes zu halten. Ein Stücklein schlechten Brotes, oder eine Handvoll Kräuter aus der Wüste, einige Baumfrüchte aber wenig Gemüse, und Fluß- und Quellwasser, das ist ihre Mahlzeit, ihre Erquickung. Die nackte Erde oder eine schlechte Streu ist das Lager für ihre müden Glieder. Kurzer Schlaf, lange Nachtwachen. Durch Anstrengung und Schweiß ermüdet man das Fleisch, um die dem Geiste widerstrebenden Regungen zu dämpfen. Die ungestümen Sinne werden gefesselt vom Geiste, der nur im Übersinnlichen lebt. Überall Stille, Bescheidenheit, Geistessammlung. Gleich den emsigen Bienen ist jeder beschäftigt, den Honig himmlischer Gedanken und überirdischer Gesinnungen einzusammeln. Der eine zeichnet sich tief nachsinnend aus dem Buche der Natur die Größe Gottes, während ihm auf weiten Gefilden die Sonne die mannigfaltigen Farben und Gestalten der Gegenstände enthüllt. Der andere erforscht am Fuße eines hohen Felsen, mit Augen und Geist vertieft in die heilige Schrift, die Großtaten der göttlichen Allmacht. Der eine, hingestreckt auf die Erde, ergießt sein Herz vor Gott in süßen Seufzern und zärtlichen Klagen. Der andere, starr und unbeweglich auf den Knien, das Angesicht und die Hände zum Himmel erhoben, ruft aus dem Innersten des Herzens zu seinem ewigen Herrn und eilt ihm mit brennendem Verlangen entgegen. Hier sammeln sich unter einem Dache zahlreiche Scharen von Jungfrauen, entflohen den süßen Täuschungen des flüchtigen Lebens, und singen Tag und Nacht das Lob ihres auserwählten Bräutigams. Dort erweckt sich eine große Schar von Klosterbewohnern durch heilige Reden und Gesänge zur Liebe des Allerhöchsten. Ich sehe das weite Gefilde, die Hügel und die Berge, besäet mit ländlichen Hütten, schlechten und niedrigen Wohnungen, deren Bewohner, dem einsamen Vöglein gleich, sich zu den Sternen erschwingen. Alles ist voll von Menschen, die nicht mehr als Menschen leben, sondern als neue Geschöpfe, in denen der ewige Herrscher mit Wohlgefallen wohnt. Hier ist kein Wetteifer mehr für das, wonach so viele geizen; jeder sucht seinen Reichtum in der Lossagung von allem, was nicht Gott ist, und ist dabei bereit, immer nachzugeben und alles seinem Nebenmenschen zu überlassen. Da gibt es keine trübe Sorge der Herrschsucht über andere. Jeder will aller Diener sein und trachtet nach dem letzten Platze. Keine Parteien, keine Zwietracht, nur eine Liebe vereint alle Herzen unter sich mit Gott.

Der irdische Mensch, der keinen Sinn hat für höhere Gegenstände, verschmäht den mäßigen Genuß des Mannes, der sich von dem Glauben und der Gottseligkeit führen läßt. Dem Mammon nicht zu dienen, scheint ihm unedel; erhält es für Erniedrigung, verborgen zu bleiben unter dem Haufen derjenigen, die den Gipfel menschlicher Größe nicht ersteigen, wo die Luft der eitlen Ehre weht; für Torheit, die flüchtigen Freuden nicht zu genießen. Blinder und törichter Mensch, wie wenig kennst du die wahre Weisheit, den echten Adel! Siehe, du bist für einen Tag zur Ameise geworden, befindest dich unter dem Haufen der übrigen Insekten, um mit dem nächsten Morgen wieder deine Stelle in der menschlichen Familie einzunehmen und als ein Großer dieser Erde aufzutreten. Und schon denkst du an nichts anderes, als an die elende Speise deiner Gefährten; deine Wonne ist es, unter ihnen zu scherzen, dein Ruhm, einige Beweise der Huldigung von ihnen zu empfangen. Du verleugnest indessen deine ursprüngliche Bestimmung und denkst nicht mehr an das, was du doch nach wenigen Stunden sein sollst. Elender, deiner Bestimmung unwürdiger Mensch! Betrachte deinesgleichen, die auf kurze Zeit in dem nämlichen Zustande sich befinden. Sie kosten kaum die niedrige Speise und nur insoweit es die traurige Notwendigkeit zur Erhaltung des Lebens erheischt. Sie suchen keine Schätze zu sammeln, die ihnen nach wenigen Augenblicken nichts nützen können, sie suchen sich in dieser Niedrigkeit nicht groß zu machen. Sie verachten alles, was in diesem vorübergehenden Zustande sie umgibt, und unter der niedrigen Hülle bewahren sie den großen Sinn für ihre wahre Bestimmung. Mit ihren Gedanken schwingen sie sich auf zum Palaste des Königs, unter die Großen, in die Nähe des Thrones, den sie bald schauen werden. Sieh´, Irdischgesinnter! Dieser verborgene Edle ist der Fromme, jenes Insekt bist du selber.

Die Religion fängt den Menschen an, die Religion vollendet ihn. Der Natur nach ist er ein beschränktes Wesen in einem ärmlichen Zustande. Die Frömmigkeit erhebt ihn über alles Geschaffene und bringt ihn auf die höchste Stufe der Größe, wo ihn nichts mehr von seinem Schöpfer trennt. Du glaubst dich zu erheben, indem du Gebirge der Erde besteigst. Törichter! Du weißt nicht, daß jede irdische Höhe nichts ist im Vergleiche mit dem Himmel, und der Himmel ist dein Wohnsitz. Es ist die Niedrigkeit und Blindheit des Geistes, sein Glück in dem zu suchen, was hienieden glänzt. Aber die Demut, die die Religion uns einflößt, und durch die der Mensch diese irdische Größe verachtet, ist der hohe Adel des Geistes, der seine Heimat im Himmel hat. Die Armut, die im Lichte des Glaubens hinfällige Güter nicht achtet, ist Hochherzigkeit des Menschen, der für höhere Dinge geschaffen ist. Keinen niedrigen Gelüsten frönen, sein Herz von allem, was irdisch ist, rein bewahren und über Dornen und Blumen kühn dahinschreiten und unaufhaltsam dem seligen Reiche entgegeneilen, das ist edler Stolz, würdig einer Seele, die einst Gott zum Bräutigam haben soll. Die Religion allein ist die Weisheit, der wahre Adel; der Fromme allein ist glückselig. Der Weise dieser Erde, der Mensch ohne Religion ist allein elend, niedrig, töricht.

Sechste Nacht

Die Religion und die Natur

Wie? Soll also die menschliche Gesellschaft sich auflösen? Soll der Gatte seine Gattin verlassen? Sollen glänzende Städte sich entvölkern und von den Bequemlichkeiten und Freuden des geselligen Lebens in die Wüste laufen, um dort ein rohes und wildes Leben zu führen? Sind nicht auch die Freuden dieses Lebens für den Menschen da? Ladet nicht die Natur ihn ein zum Genusse der Speisen, die sie ihm auf dieser Erde bereitet? Und ist nicht der ein Tyrann, der da will, daß der Mensch hungrig und darbend an dieser großen Tafel sitzen soll? Widersetzt sich ein solcher nicht etwa unter dem Scheine von Gottseligkeit den heiligen Absichten der Natur?" So mag die Religion gelästert werden von dem, welcher sie schlecht kennt.

Mäßige, oh Blinder, deine törichten Klagen! Die Religion vervollkommnet und heiligt die Gesetze der Natur, sie zerstört dieselben nicht und hebt sie nicht auf. Aber du sollst auch nicht Natur nennen, was Fehler, was Schuld des Menschen ist. Die Natur mahnt dich durch Hunger und Durst an die Wiederherstellung der ermattenden Leibeskräfte. Du wählst dir gierig eine Speise, wonach dir gelüstet, die dich aber krank macht; du verwandelst durch Übermaß dein Getränk in Gift. Nun geh´ hin und klage die unschuldige Natur an. Warum ordnest du nicht mit Vernunft die Wahl und bestimmst das Maß nach dem Bedürfnis des Körpers? Gab dir nicht die Natur die Vernunft und das Gebot, sie stets zu fragen und ihr zu gehorchen? Warum beträgst du dich wie ein Vieh? Heißt nicht eben das die Natur übertreten?

Religion und Natur sind beide Töchter Eines Vaters, treu verkünden sie beiden den Willen desselben und nie sind sie miteinander in Widerspruch. Die Natur setzt die Vollkommenheit des Menschen in die Vorzüglichkeit seines bessern Teiles – seines Herzens, seines Geistes – und sucht das Wohl des Körpers nur zu befördern, insofern es dem geistigen Wohle zuträglich und nicht hinderlich ist. Die Religion zeigt uns diese wahre Hoheit des besseren Teiles in uns und gebietet uns, danach zu streben.

Wenn jemand in der Hitze des Fiebers bittern Hunger fühlt und heißes Verlangen nach ungesunden Speisen und schädlichen Getränken, oh so ist das nicht die Stimme der Natur, sondern des Übels, das ihn quält, der Krankheit, die ihn niederdrückt. Die Natur erhebt den Menschen über die trügerischen Güter, an denen er während der kurzen Zeit seines irdischen Lebens seine Freude suchen möchte, und wenn ihn seine Begierde nun treibt, in diesen seine Glückseligkeit zu suchen, so ist das nicht Stimme der Natur, sondern der Schwachheit, Stimme jener alten Krankheit, welche die Natur verdirbt und ihr entgegen ist. Die Natur will – und die Vernunft erklärt uns hinreichend ihren Sinn -, daß der

Mensch durch Tugend sich über jene Schwachheit erhebe, und wenn sie sich nicht bis zur gleichen Höhe mit der Religion erschwingt, so liegt die Schuld nicht mehr an ihrem Willen, sondern an der Ohnmacht ihrer Kräfte. Aber die Religion kommt ihr zu Hilfe. Sie unterstützt uns in dem edlen Fluge und ruht nicht, bis sie uns hin zum Throne des Urwesens geführt hat. Sagt dir nicht die Natur durch das Licht der Vernunft, sagt es dir nicht dein Herz mit seinen Begierden, daß die Güter dieser Erde nicht imstande sind, den Hunger zu stillen, der dich nimmer verläßt? Daß ein endlicher Gegenstand deinem Verlangen nicht genügt? Daß ein sterbliches Leben deine Wünsche nicht erfüllt? Daß alles, was mit diesem Leben endet, dich nicht glückselig machen kann? So suche denn, oh Mensch, dieses unvergängliche Gut, dieses unsterbliche Leben, dieses unendliche, unwandelbare Wesen. Ist das nicht Stimme der Natur? Dieses glückselige Los, diese hohe Bestimmung, für welche die Natur dich schuf, sieh´, spricht die Religion, ich zeige sie dir jenseits des Grabes in einem neuen Leben, in unermeßlichen Gütern, in Gott. Folge mir, ich führe dich dorthin. Hier winkt die Natur Beifall der weisen Sprache ihrer hohen Schwester: vertrau´, ruft sie dem Menschen, vertrau´ dich ihr an! In so weit gehen beide Hand in Hand und zeigen uns einstimmig den Weg.

„So soll mir denn die Natur nicht mehr gestatten, mich zu freuen über meine Felder, über das Erbteil, das mir die Väter hinterlassen haben, mich der Rechte meiner Geburt zu bedienen und zu genießen, was ich durch Fleiß und Kraftanstrengung erworben habe?"

Weder verbietet dir das die Natur, noch macht die Religion es dir streitig. Es steht dir frei, die Erdengüter zu genießen, so lange das Wohl des Geistes darunter nicht leidet; du darfst sie genießen, aber nicht in denselben deine Glückseligkeit suchen, die unendlich weit über sie erhaben ist. So lange du auf Erden lebst, darfst du von der Erde leben; aber nicht zu ihrem Sklaven dich herabwürdigen.

Die Bedürfnisse des Menschen, von der Natur erheischt, haben die menschliche Familie mit einem geselligen Bande umschlungen, Dörfer und Flecken gegründet und Städte befestigt. Die Natur hat den Menschen zu den Künsten und verschiedenen Gewerben geführt. Genieße, oh Mensch, die Frucht des gebildeten Geistes, den die Natur dir gab, damit das süße und ruhige Leben nicht müßig sei im Schoße des Überflusses, der Sicherheit und des Friedens! Die Religion billigt die edle Sorge, die dich zu einem so hohen Gute begleitet, Nur erwäge, daß ein größeres Gut dich erwartet, wozu dir dieses nur als Mittel dient; daß du dich nicht begnügen sollst mit dem, was du jetzt besitzest, und was nur ein Schatten ist von dem, was du zu hoffen hast. Die Bedürfnisse des Menschen, von der Natur ausgegangen, haben den Völkern Gesetze gegeben, Obrigkeiten bestimmt, Throne errichtet zum Schutze der Gerechten, zum Schrecken der Bösen, denen die wehrlose Stimme der Vernunft ein zu schwacher Zaum ist. Die Natur, welche sorgfältig das Menschengeschlecht auf Erden erhalten will, ladet uns unaufhörlich zu den Freuden des Ehestandes ein. Die Natur erfüllt das Herz der Kinder mit Ehrfurcht gegen ihre Eltern und das Herz der Eltern mit Zärtlichkeit gegen ihre Kinder. Sie schreibt dem Untertan, dem Herrscher, dem Freunde, dem Bruder, dem Bürger, dem Menschen, seine Pflichten vor. Alle die verschiedenen Regierungsarten, die verschiedenen Gebräuche und Gewohnheiten, wodurch sich die Völker von einander unterscheiden, haben, wofern sie nicht mit der Vernunft im Widerspruche stehen, ihren Grund in der Natur. Die Religion kommt dazu, und weit entfernt, diese heiligen Bande zu zerreißen, befestigt sie vielmehr dieselben. Zu den irdischen Interessen fügt sie noch die neuen Beweggründe des ewigen Heils hinzu und das menschliche Ansehen der Gesetze unterstützt sie durch göttliche Sanktion. Mensch, du weißt schon durch die Stimme der Natur, daß du keinen Menschen beleidigen, daß du vielmehr Jeden achten sollst wie dich selbst. Komm´ und lerne nun, was die Religion noch deutlicher lehrt. Es ist dir nicht nur verboten, einen anderen zu beleidigen, du sollst ihn auch dann noch lieben, wenn er dein Feind ist; du darfst ihn nicht hassen, auch wenn er dich tötet; du sollst ihm wohltun, auch wenn er undankbar und feindselig ist. Du sündigst, wenn du auch nur die Begierde hast, dich an ihm zu rächen. Du hast schon in der Schule der Natur gelernt, daß es ein Verbrechen ist, die eheliche Treue zu verletzen. Die Religion sagt dir noch weiter, daß es ein abscheuliches Vergehen ist, auch nur der Begierde und dem Verlangen nach untreu zu sein. Schon die Natur sagt dir, daß die Person der Herrscher heilig ist. Die Religion sagt dir noch weiter, daß ihr Leben auch dann heilig ist, wenn sie böse sind, und daß jedermann an ihnen den höchsten Herrn der Welt achten muß, dessen Bild und dessen Diener sie sind; daß du ihnen dienen sollst nicht bloß aus Furcht vor der irdischen Macht, sondern aus Furcht vor Gott, der den Ungehorsamen gegen sie nicht ungestraft läßt.

Die Bosheit des Menschen, die alles verdirbt, verbannte einst die wahre Gottesfurcht von der Erde, die Religion erfüllte damals die Welt mit Götzentempeln. Bei jenen blinden Völkern blieb in Beziehung auf Religion nur ein schwaches Schattenbild der Tugend übrig. Sie bewunderte nur die Verehrung der Götter in äußerem Prunke, mit Räucherungen, Opfern und Zeremonien. Sie zierte die Tempel, schmückte die Bilder, unbekümmert um den Schmuck des Herzens; vielmehr blieb dieses angesteckt von den schändlichsten Begierden und den strafbaren Lastern. Die menschlichen Handlungen waren gesetzlos; aber nichts geschah ohne religiösen Aberglauben. Sogar die Religion selbst pflanzte alle Keime des Schlechten in den Menschen, indem sie ihm Götter zum Vorbilde aufstellte – Ehebrecher, Räuber, Vatermörder – grausame und mit tausend Schandtaten befleckte. Ewiger Gott, die schauerliche Nacht ist vorüber, dank deiner Erbarmung! Das wohltätige Licht deines heiligen Gesetzes hat nun die Erde von diesem abscheulichen Wuste gereinigt. Befreit ist die Natur von der ruchlosen Tyrannei, die unter errichteten Göttersprüchen dieselbe gleich einer Sklavin in den schmachvollsten Banden gefangen hielt. Nun aber atmet sie frei, erkennt sich selbst und preist ihren Erretter. Brüder! Der

Tag ist herangekommen: folgen wir dem Lichte, das uns erleuchtet.

Die wahre Religion begnügte sich nicht mit einer halben Huldigung, mit einer geteilten Liebe; sie fordert den ganzen Menschen, nicht bloß den äußeren Tribut frommer Werke. Sie fordert den Menschen ganz; denn alles, was an ihm ist, regiert und lenkt und weiht sie dem höchsten Wesen. Sie ist die Mutter aller Tugend und zeichnet einer jeden ihren eigenen Wirkungskreis in der Denkart und in der Handlungsweise ihres edlen Zöglings. Vergebens nennt sich derjenige einen Frommen, der auch nur eine von diesen edlen Dienerinnen der hehren Königin beleidigt. Wer jene beschimpft, beschimpft die Königin selber. Oh du, der du zu dem Altare hintreten willst, entferne dich, wenn du in deinem Herzen Haß gegen deinen Bruder trägst! Gott verschmäht dein Opfer. Versöhne dich erst mit dem, der nicht mehr durch das Band der heiligen Liebe mit dir vereint ist. Flieh´ aus deinem Tempel mit deinen Gaben, du, dessen Hände mit Raub und Blut befleckt sind! Dein Opfer ist Gott verhaßt. Erstatte erst, was du mit Unrecht gewonnen, beweine und ersetze erst den Schaden, den du getan hast! Schweig´, Verwegener, in dessen Herz eine schändliche Flamme lodert! Deine Lobgesänge sind ein Greuel vor dem Himmel. Verbanne zuerst aus deinem Herzen jeden unreinen Funken verbotener Liebe! Das fordert die Religion vor allen Opfern und Gelübden. – Vergeblich sind deine langen Gebete, vergeblich dein Fasten, wenn du den schmachtenden Armen von dir stößest, da du ihn nähren kannst; wenn du deine Blöße nicht bedeckst, wenn du in der Krankheit ihm nicht beispringst. Ohne Barmherzigkeit, ohne Wohltätigkeit und Menschenliebe ist das, womit du dich schmückst, nur die leere Außenseite der Religion. Gleichwie ein einziger Dolchstich den ganzen Körper tötet, obschon die anderen Teile, die nicht getroffen wurden, unversehrt bleiben, so auch benimmt eine einzige Vernachlässigung und Übertretung der Pflicht der ganzen Religion Wirksamkeit und Leben.

Die menschlichen Gesetze erstrecken sich nur über den kurzen Zeitraum dieses sterblichen Lebens. Ihre Belohnungen sind irdisch, ihre Strafen erreichen den Menschen nicht mehr nach dem Tode. Die Religion ist fürchterlich in ihren Strafen. Das Racheschwert des Gesetzgebers trifft den Menschen ebensowohl jenseits des dunklen Pfades, auf dem er in die Ewigkeit wandelt, als auch während seines Lebens auf Erden. Die Ketten der Verbrecher, die sie als Feinde Gottes verdammt, sind von ewiger Dauer. Ewiges Gefängnis, ewige Strafe wartet auf die, welche sich ihr widersetzen. Durch seinen Mut kann der Mensch die Verachtung hienieden verachten, dem Tode trotzen; aber den Schrecknissen und der schauerlichen Stimme der drohenden Religion kann nur Raserei und blinde Torheit Trotz bieten. Wie in ihren Strafen, so ist die Religion auch groß in ihren Belohnungen, auch diese sind ewig und grenzenlos. Für einen Trunk reinen Wassers, den man aus Mitleid und Liebe zu Gott dem müden Wanderer darreicht, ist im Himmel ein ewiger, unvergänglicher Lohn bereitet. Eine Speise, ein Stück Brot, das ich aus Liebe zum Heiland dem Hungernden reiche, verschafft mir einen bleibenden Schatz.

Wohl mag sich der Mensch hienieden durch Gold von der Strafe zuweilen loskaufen, verbergen kann er sein Verbrechen vor den Wächtern, die der Staat anordnet, durch Flucht kann er sich der Rache der bürgerlichen Gesetze entziehen. Aber vor dem ewigen Richter, den mir die Religion als Rächer der menschlichen Ungerechtigkeit zeigt, gilt keine Flucht, kein Ausweg, keine Verteidigung. Bei dunkler Nacht schleicht sich insgeheim der Räuber hinaus und horcht und spähet und lauert. Sieh´, bald verbirgt er sich, bald tritt er aus dem Winkel hervor, sinnt nach und zögert. Aber nun entschließt er sich; sieh´, da kommt er mit der Leiter, setzt an und steigt in´s Haus, wo alles in tiefer Stille ruht. Während alles schläft, tappt er umher, sammelt und stiehlt eilig, voll Angst und Mißtrauen. Schon ist er davon und mit seinem geraubten Golde in Sicherheit. Sterblicher! Du hast die menschlichen Gesetze hintergangen; aber ein weit schlimmeres Gericht erwartet dich. Dein Diebstahl ist dem ewigen Richter bekannt. Wohin du dich auch wenden magst, du bist schon in seinen Händen. Er wartet nur auf den Tod, damit dieser dich der ewigen Strafe überliefere. Wenn du nicht erschrickst beim Namen der irdischen Gesetze, oh, so erblasse bei der Stimme der Religion!

Siehe, da geht ein anderer tief in dem dunklen Walde und verweilt auf einmal in dem Dickicht. Er erblickt seinen Feind, allein und in tiefen Schlaf versunken, aufs Gras gestreckt. Er schaut umher, zieht den Dolch und naht sich leise und behutsamen Schrittes; schon ist er ihm nahe, schon erhebt er wütend die Hand ...

Halt! Unglückseliger, was beginnst du? Schone dieses Leben! Ist auch kein sterbliches Auge Zeuge dieses Frevels, so sieht dich doch ein Richter, dem du nicht entfliehen kannst, ein unbestechlicher, allmächtiger Richter. Ach! In demselben Augenblicke, wo du ihn durchbohrest, fällst du einem schlimmeren Tode anheim.

So ruft die Religion auch da, wo die menschlichen Gesetze vergeblich sind; sie bedroht und verdammt den Schwachen, den Mächtigen, den Untertan, den Herrscher. Überall zeigt sich dem Menschen, der die irdische Macht nicht ehrt, als Richterin, Klägerin und unvermeidliche Rächerin. Durch diese Stimme, durch diese Drohungen verbannte sie aus der Welt das unermeßliche Heer der Verbrechen, und indem sie die Menschen bekannt machte mit dem köstlichen Himmelssohne ihrer Redlichkeit, brachte sie dieselben zur Liebe jeder wahren Tugend.

Die Tugend ist ihre Schönheit. Sowie eine schöne Gestalt das Auge des Körpers an sich zieht, so entzückt die Tugend das Auge des Geistes, und flößt jedem Herzen Ehrfurcht und Liebe ein: sogar die häßlichsten und wildesten Gemüter zollen ihr Achtung. Aber die Religion verbreitet über dieselbe ein höheres himmlisches Licht und erhebt sie von der Erde zum Himmel. Wer sie allein findet, kann ihr unmöglich seine Liebe versagen; wer sie aber im Bunde mit der Religion am Throne eines Herrschers erblickt, sinkt, von ihrer Hoheit betroffen, vor ihr nieder und erkennt ihre göttliche Abkunft.

Ohne Religion sind die Tugenden unstet, heimatlos und ohne Führerin. Ihre Reichtümer sind im Vergleich mit denen, die die Religion darbietet, nur Armut. Der Mensch, welcher nach Gerechtigkeit strebt ohne Religion, besitzt freilich in seinem Herzen einen edlen Schatz – er ist gerecht. Und dieser Name übertrifft die größten Ehrentitel auf Erden. Aber sobald die Gerechtigkeit die Religion zur Mutter hat, ist sie die Dienerin des Gottes, von dem alle Tugend ausgeht. Außer ihrem eigenen Werte bringt sie ihm das Wohlgefallen und die Hand des Allerhöchsten, den ewigen Lohn der Tugend, macht ihn zum Freunde, zum Vertrauten Gottes. Scävola ist tapfer aus Vaterlandsliebe, Coriolan verzeiht aus Liebe zu seiner Mutter, Regulus opfert sein Leben, um sein gegebenes Wort nicht zu brechen, Abradates opfert das seinige für seine Wohltäter. Jene erwarben sich den Ruf der Tapferkeit, der Milde, der Treue, der Erkenntlichkeit, Tugenden, die alles übertreffen, was der menschliche Stolz so nennt. Aber um wie weit schöner und reicher würden sie sein, wenn die Religion sie begleitete. Der Fromme legt an die Waffenrüstung des Tapferen und kämpft für das Vaterland wie der Irdischgesinnte; aber er dient in seinem Vaterlande mehr dem ewigen Herrscher, als einem irdischen Gebieter. Er verzeiht nicht aus Liebe zu einem irdischen Wesen, sondern aus Liebe der unendlichen Majestät. Er hält sein Ehrenwort auf Kosten seines Lebens, aber um sich die Freundschaft des ewigen Königs zu bewahren. Er bietet Trotz den Qualen, dem Tode, sobald Gerechtigkeit, Dankbarkeit, Unschuld und Ehrbarkeit dieses erheischen; aber während er diese Tugenden ausübt, ist sein Herz mit einem höheren Gegenstande beschäftigt, er weiht es dem höchsten Wesen, der Urquelle alles Guten.

Die Religion entdeckt mir die englische Schönheit der Tugenden, sie zeigt mir auf einmal die anbetungswürdige Urquelle, die ewige Schönheit. Wie vor der aufgehenden Sonne die Sterne erblassen, so wird dieser Urschöne jede abgeleitete Schönheit verdunkeln. Treu folge ich ihren Spuren, aber mein Herz kann sich an ihnen nicht mehr sättigen. Einem jeden rufe ich zu: Oh führe mich doch in den Schoß der unendlichen Schönheit. Die Religion im Bunde mit ihnen, führt mich zur anbetungswürdigen Gottheit und an ihr halte ich mich fest.

Und du, heilige Demut, die du dem Menschen den stolzen Wahn benimmst, womit er sich im Angesichte seines Gottes aufbläht und sich als eigenes Verdienst zuschreibt, was nur Geschenk seiner Güte ist, die du von ihm den schnöden Trotz verbannest, womit er sich hochmütig über seines Gleichen erhebt und dieselben als niedrige Wesen unter die Füße tritt, die du uns zugleich unsere Niedrigkeit und unsere wahre Größe kennen lehrst; du, ohne welche uns die Quelle der Wahrheit verschlossen bleibt, wärest ohne die Religion noch jetzt der Welt unbekannt. Die Sanftmut, deine Tochter, die Bewahrerin der Liebe, die wir allen Menschen schuldig sind; die Sanftmut, so mild auch gegen die Feinde und unter Beschimpfungen, auch sie würde fremd sein in unserem Lande. Statt ihrer würden Zorn, wilder Haß und schwarze Rache ihre eisernen Zepter über die armen Menschen schwingen und so würde in den Herzen, die eines höheren Adels sich rühmen, kalte Gleichgültigkeit, zynische Verachtung und stoischer Hochmut Platz nehmen. Und du himmlisches Geschenk der menschlichen Natur, wodurch der Sterbliche wetteifert mit den seligen Geistern, die an den Strahlen der Gottheit sich sonnen und an seiner Liebe sich sättigen, hohe Jungfräulichkeit, auch du wärest unter uns nicht geachtet, wärest verschmäht, hätte nicht die Religion der Welt kundgetan, wie hoch du im Himmel geschätzt bist! Erhabene Seelen, brennend von himmlischen Feuer, wodurch ihr euch über alles Erschaffene erhebt, erhabene Seelen, die ihr auf dieser Erde nichts mehr euerer würdig findet und keinen anderen Bräutigam sucht, als den Urheber der Natur; die Religion ist es, die euch zu dieser Größe erhoben hat. Ihr seid das höchste Geschenk, was die Erde dem Himmel gibt.

Der Träge, der durch die Schläfrigkeit auf dem Wege zurückbleibt, ergrimmt insgeheim gegen die, welche mit schnellen Schritten ihm voreilen. Oder er murrt gegen jene, die er nicht zu Gefährten seiner Feigheit haben kann. So möchten die Irdischgesinnten und Schwerfälligen, gewohnt den Schlangen gleich auf der Erde zu kriechen, jene Menschen, deren Niederträchtigkeit die Zahl der Elenden vermehrt und die Hoheit anderer gehässig macht, die edelsten Gaben, wodurch die Religion große Seelen über sie erhebt, verdunkeln oder ganz vernichten. Wenn die Natur – so philosophiert einer aus ihnen – den Menschen als Glied an die große Familie bindet, so zerstört die Religion die Gesetze der Natur, indem sie ihn von der Gesellschaft trennt und ihn zu einem einsamen Leben bestimmt. Wenn die Natur will, dass das Menschengeschlecht fortbestehe, so steht die Religion mit den Absichten derselben in Widerspruch, indem sie den Menschen auffordert, den süßen Namen: Gatte und Vater zu entsagen.

Tor, du verstehst nichts von dem, was du sprichst. Ein erfahrener Künstler findet einen ungeschliffenen Edelstein und durch hundert und hundert Schläge löset er die rauhe, unansehnliche Hülle ab und macht ihn endlich durch edle Kunst zum schönen und reichen Schmucke des königlichen Hauptes. Sage mir, verdirbt da die Kunst etwas an der Natur? Der gute Landmann nimmt hundert Baumpflänzchen aus dem nahen Walde und versetzt sie in ein besseres Erdreich. Mit sorgsamer Pflege impft und veredelt er sie und zwingt sie durch Kunst, statt der wilden und herben Früchte nun köstliche und wohlschmeckende hervorzubringen. Sage mir nun, wird die Natur, die diese Pflanzen in ungünstigen Boden säete und sie wild wachsen ließ, sich hier beleidigt finden und über die Kunst klagen? Ruft doch sogar die Natur die Kunst als Freundin zu Hilfe und ersucht sie, das zu vollenden, was sie selbst nicht vermag. Wisse, daß die Natur nicht das blinde Wesen des törichten Epikur ist. Sie ist das Werk eines unbegrenzten Geistes, der alles mit unendlicher Weisheit ordnet und mit der höchsten Kunst das Ganze verbindet. Der Urheber der Natur ist auch der Urheber der Kunst und vervollkommnet das eine durch das andere. Mit der größten Weisheit verfügte er, daß die Natur nicht alles aus sich allein für den Menschen tun soll, weil er will, daß dieser sich anstrenge. Der Urheber der Natur wollte, daß diese Bäume einst durch Mitwirkung der Kunst bessere Früchte bringen sollten, als sie von Natur tragen.

Die Religion ist die hohe, göttliche Kunst, die den Menschen veredelt. Der Schöpfer bestimmte den Menschen, Früchte erhabener Tugend zu bringen, wozu seine Natur allein nicht ausreicht. Er wies dem Menschen einen hohen Standpunkt an, beschied ihm ein erhabenes Los, wozu ihn diese nicht erheben kann; darum gab er ihm die Religion. Er legte den Keim zur Religion in die Natur selber, nährte ihn mit steter Sorgfalt von oben und stieg endlich selbst vom Himmel herab, ihn zu pflegen. Wie an dem Baume die Früchte mehr sind als das Laub, und wie der kluge Gärtner, um den Baum fruchtbar zu machen, viele Äste beschneidet, die doch auch das Werk der Natur sind, so übertrifft das Geistige am Menschen – seine Tugend – alles, was körperlich ist. Darum benimmt ihm die Religion, indem sie ihn pflegt, zuweilen seine Vorteile und Vergnügungen, die übrigens der Natur gemäß sind, um bessere Früchte von ihm zu erlangen. Du kannst ohne Sünde große Reichtümer besitzen. Die Religion spricht dir zu, und du beraubst dich derselben. Diese edle Verachtung macht dich schon reicher als alle irdischen Güter. Dein Geist sammelt sich Schätze der Tugend. Die Religion beraubt dich des Laubes und bereichert dich mit überirdischer Frucht. Du kannst unter den Machthabern dieser Welt sitzen. Die Religion ruft dich; du steigst herab und mischest dich unter die Niedrigen der Erde. Diese Seelengröße zieret dich mehr als Purpur und Gold und erhebt dich über alles, was du verlassen hast. Du kannst dir eine Gattin wählen. Die Religion redet zu deinem Herzen. Du leistest Verzicht auf tiefe Freiheit und durch diese hochherzige Gewalt ehrst du die Natur mehr, als wenn du mit den anderen auf der gewöhnlichen Straße wandelst. In deiner Person erhebst du die Natur über sich selber.

„Aber wenn jeder den geringen und niedrigen Stand sucht, wenn er die Armut wählt und ein einsames, eheloses Leben ergreift, siehe, so wird alsbald die menschliche Gesellschaft sich auflösen, unser Geschlecht wird erlöschen, unsere Erde wird ein Aufenthalt für wilde Tiere und Vögel."

Große Unglücksweissagungen; aber vielleicht auch Weissagungen der bloßen Unwissenheit! Ein weiser König will, daß alle Krieger die ersten Ehrenstellen im Heere einnehmen. Siehe, sagst du, da ist ja das ganze Heer in lauter Anführer verwandelt! Wo sind aber die Gemeinen? Tor! Weißt du nicht, daß es nicht allein gegeben ist, die höchste Stufe zu ersteigen? Daß das Vollkommene immer selten ist? Wetteifer, Tapferkeit, alles spornt zum Höhersteigen. Jeder strebt vorwärts. Wer die erste Stelle nicht erreicht, nimmt die zweite ein; wer nicht zu dieser gelangt, strebt wenigstens nach der dritten und den darauf folgenden. Und wer sich nicht über den gemeinen Haufen erheben kann, bestrebt sich wenigstens, dem Oberen zu gefallen und unter seinesgleichen nicht der letzte zu sein. So sind all die verschiedenen Grade besetzt nach Maßgabe der Kenntnisse und der Tapferkeit, wodurch sich die Menschen ausgezeichnet haben, und alle streben nach einem hohen Ziele.

Der Urheber der Religion, der zugleich auch der Urheber der Natur ist, kennt besser als einer die Anlage des Menschen und die große Kunst, dieselbe auszubilden. Allen setzt er zum Ziel die schwierigsten Unternehmungen heroischer Tapferkeit; alle führt er auf die Bahn erhabener Größe. Er weiß, daß wenige dorthin gelangen; aber auf diese Weise führt er viele zur zweiten Stufe und sofort zur höheren; kurz er sorgt, daß keiner durch Trägheit zurückbleibe, sondern daß jeder so hoch steige, als es seine Kräfte erlauben.

Die Natur gab allen Vögeln Flügel; aber dadurch wollte sie weder, daß alle gleich hoch fliegen, noch daß sie von der Erde, wo ihre Nahrung bereitet ist, verbannt sein sollen. Sie unterscheiden sich dadurch von den Tieren auf der Erde, daß sie von denselben abgesondert sind und jeden Augenblick sich über dieselben erheben können. Du willst sie fangen. Alle schwingen ihre Flügel und suchen die Freiheit. Obgleich alle beflügelt sind, so suchen sie doch nicht auf gleiche Weise die Nahrung. Der eine läßt sich nur herab auf die höchste Spitze des steilen Felsens, der andere steigt hernieder bis in die Hälfte des Berges, der dritte bis in die Ebene. Der eine hält sich beständig im niedrigen Gebüsche auf, der andere verläßt nie die Gipfel der höchsten Bäume, wieder ein anderer sucht seine Nahrung auf der Erde.

Der Mensch ist geschaffen, zur einer hohen Bestimmung, zu einem Ziele, welches über alles Irdische
hinausreicht. Solange wir diese irdische Hülle tragen,
dürfen wir auf der Erde wandeln, und von ihr uns nähren. Aber der Geist, der in uns ist, soll davon nichts
verkosten. Der Himmel ist sein Element. Auch er soll
auf der Erde wohnen; aber stets getrennt von ihr, stets
bereit, sie zu verlassen, um seine hohe Bestimmung zu
erreichen, immer frei und erhaben über alle irdischen
Güter. Das ist's, was den Menschen von allen irdischen
und vernunftlosen Geschöpfen unterscheidet, was
Natur und Religion von ihm fordern und was die
Vollendung seiner Natur ausmacht. So nur bleibt die
Menschenwürde und unsere Freiheit gesichert, so bleiben die Rechte der Natur, die man nicht verletzen darf,
ungekränkt; aber es sind nicht alle von uns Adler und
Tauben, daß sie über diese niedrige Atmosphäre sich
erheben könnten. Jeder richtet seine Flug dorthin, wo
die Himmelsluft weht, die allein unsere Fittiche lenkt,
soweit seine Kräfte reichen und soweit ihn jene trägt.
Die Religion gebietet da nicht mehr, sie ladet bloß ein
und rät. Hast du keinen Mut, ohne treue Gefährtin zu
leben? Wähle sie dir, die Religion verbietet dir's nicht, sie
billigt es dir vielmehr. Liebe sie mit Zärtlichkeit, das
gebietet die Religion. Aber diese Liebe soll derjenigen
untergeordnet sein, die du dem Urheber aller Dinge
schuldig bist, der nicht nur für dieses kurze Leben,
sondern für die ganze unermeßliche Ewigkeit dein
Bräutigam sein soll. Die Natur will's, die Religion macht
es dir zur Pflicht. Hast du nicht das Herz, das Haus, die

Felder zu verlassen, die deinen Schatz ausmachen? Behalte sie, die Religion gestattet dir´s. Aber du darfst dein Herz nicht davon einnehmen lassen, das ja einem höheren Wesen, dem Herrn aller Dinge angehört. Du magst sie besitzen; aber dein Herz soll nur der einnehmen, der das Ziel und Ende deines ganzen Wesens ist. Es huldigen dir mit Ehrfurcht deine Untertanen. Empfange diese Huldigung, aber bewahre sie ganz dem Allerhöchsten dem allein Achtung und Ehre gebührt, dessen geringer Diener du bist. In seinem Namen forderst du sie; willst du sie nun für dich annehmen, so ist das Anmaßung gegen ihn, es ist ein Diebstahl den die Religion verbietet.

Überhaupt gibt die Religion keine Vorschrift über die verschiedenen Stufen, welche die Natur in der Menschenfamilie angeordnet hat, aber sie heiligt sie alle. Überall nimmt sie in Schutz den Adel des Menschen und die Rechte der Gottheit – den Adel des Menschen, dessen kein anderer Gegenstand außer dem Unendlichen würdig ist; die Rechte der Gottheit, welche das ganze Herz des ihm geweihten Geschöpfes verlangen. Und wenn die Religion einen Teil der Menschen außer dem gewöhnlichen Wege der Natur zu einer vollkommeneren Huldigung vor Gott beruft, so widerspricht sie darin nicht der Natur, sondern die erhöht dieselbe.

Siebente Nacht

Die Vorsehung

Düsteres Gewölk überzieht den Himmel und vermehrt das Schauerliche der finsteren Nacht. Der Nord erhebt sich gegen die anderen Winde und es scheint ein wütender Kampf daraus zu werden. Alles verkündigt den nahen Sturm. Wie wird das enden? Werden wir glücklich an Afrikas Küste landen, oder werden wir hier unter tobenden Fluten untersinken? Ewiger Gott! Dein Wille geschehe. Wind und Wellen sind deine Diener und gehorchen deinem Winke. Was auch immer mein Los sein mag, es wird mir teuer sein, weil es deinem Willen gemäß ist. Verschlingst du mich, oh Meer, so will ich noch in deinen Abgründen sterbend die teure Hand küssen, die mir den Tod gibt, und die letzte Bewegung dieses sterbenden Herzens sei ein Liebesseufzer zum Ewigen, der meine Tage endet. Wohl schien mir einst der Tod fürchterlich, als ich verwickelt in den manichäischen Aberwitz ihn für das Werk eines bösen Geistes hielt. Wohl fand ich ihn voll Schrekken und Bitterkeit, während ich in Feindschaft lebte mit dem, der allein mich glückselig oder unglückselig machen kann, und ich trug in meiner Brust das verhängnisvolle Urteil der ewigen Verwerfung. Nun, oh unendliche

Güte, Dank dem erbarmungsvollen Werke deiner mächtigen Hand, find´ ich mich erlöst von der gottlosen Irrlehre und obgleich spät, erkenne ich dich dennoch. Ich erkenne dich, ich liebe dich und finde in meinem Herzen keine andere Neigung, als für dich allein. Ich kenne dich, ich liebe dich, oh ewige Güte, ich weiß, wer du bist und mit deinem Lichte im Innern und mit deiner Liebe im Herzen kann auf der weiten Erde für mich kein Unfall mehr sein. Versenkt in deine Liebe wird mir jedes Mißgeschick süß und angenehm, und will mich die Welt und die Hölle unglücklich machen, ich biete ihnen Trotz.

Ihr blinden Sterblichen! Jeder Dorn schmerzt euch, jeder Schatten erschreckt euch. Wie lange werdet ihr noch der Spielball des trügerischen Scheines bleiben und euer Herz der Eitelkeit und der Lüge öffnen! Nur Eines ist fürchterlich – Gott mißfallen. Wer ihn nicht liebt, dem ist alles verderblich; aber wer ihn liebt, dem gereicht alles zum Guten. Zufall, Glück sind nur leere Namen, Worte ohne Sinn, Ausdruck der menschlichen Unwissenheit. Nimmer ereignet sich etwas von ungefähr. Die ewige Vernunft, die alles hervorgebracht hat, umfaßt alles mit ihrer Macht; sie ordnet und gestaltet alles. In ihrer Hand wägt sie das Weltall und leitet jede Bewegung desselben nach Wohlgefallen. Dort in der Höhe des Himmels zeichnet der Allmächtige alles, was da kommen soll, auf, ehe es geschieht, und ohne seinen Wink ereignet sich nichts auf Erden. Er führt auf den Flügeln des Windes Sturm und Hagel herbei, er bezeichnet den Wolken ihren Weg und dem leuchtenden Blitze seine

Bahn. Sein unsterblicher Hauch fesselt die Ströme mit Eisdecken, bedeckt die Berge mit Schnee und streut den Reif wie Asche über das ebene Feld. Vor seiner Stimme erschrickt das Meer. *Bis hierhin sollst du kommen!* spricht er, und das Meer gehorcht und bleibt in seinen Grenzen und ehrfurchtsvoll ziehen sich die schäumenden Wogen zurück. Von Ewigkeit her sind die Blumen gezählt, die die Wiese hervorbringen soll; bestimmt ist die Höhe jedes Baumes, der auf dem Gebirge oder im Walde wächst; festgesetzt ist für jeden Wassertropfen der Augenblick, wo er aus der Erde hervorquellen und ins Meer zurückkehren soll. Über jeden Augenblick herrscht der Wille des Ewigen und gibt ihm jenen Erfolg, wodurch er für die Zukunft merkwürdig erscheinen, oder in dunkler Vergessenheit begraben bleiben soll. Er gab in der Hand des jungen Hebräers der Schleuder eine solche Richtung, daß dadurch der stolze Riese getroffen ward. Er verlieh dem Menschen Freiheit des Willens; aber hoch über diesem steht seine erhabene Absicht, und die freie Tätigkeit seines Geschöpfes kann dieselbe nimmer vereiteln. Seine Macht spottet jedes menschlichen Anschlages, der sich ihm widersetzt, und zerstreut ihn wie Rauch vor dem Winde. Von Anbeginn der Welt sah er das Herz des persischen Hofbeamten voll Neid gegen das auserwählte Volk. Schon damals war es in seinem hohen Ratschlusse vorgesehen, daß der grausame Satrap den Untergang desselben beschließen würde; aber auch damals schon bestimmte er zur Rettung seines Volkes für den Thron von Susa eine hebräische Jungfrau; er bezeichnete die

Macht, da der König, nicht durch Zufall, schlaflos, sich die Annalen des Reiches vorlesen ließ und sich daran erinnerte, wie ihm das Leben von einem getreuen Untertan aus jener dem Tode geweihten Nation gerettet worden. Noch war die Erde nicht, noch funkelten die Sterne nicht am Himmel und schon war es in dem Rate der ewigen Gerechtigkeit aufgezeichnet, daß zur Strafe des schuldbeladenen Volkes dem assyrischen Heere gestattet sein sollte, Bethulia zu belagern und es durch Hungersnot fast zum Falle zu bringen. Aber zugleich war es im Rate der Erbarmung beschlossen, daß der Arm eines Weibes, von Gott gestärkt, einst Bethulia retten sollte. Schöpfergeist, du erfüllst alles, du bist überall gegenwärtig, vor dir stehen die verflossenen und die kommenden Jahrhunderte, die unermeßliche Ewigkeit! Du ordnest nach deinem Wohlgefallen alles im Himmel und auf Erden; es gibt keine erschaffene Macht, die deine Ratschlüsse ändern oder umlenken könnte. Vergebens widersetzt man sich ihnen. Alle Weisheit wird zu Schanden, alle Macht zernichtet, wenn sie deinem Willen widerstreben.

Der Schiffer stößt vom Ufer ab; aber er weiß nicht, wo er landet. Mitten im Laufe erhebt sich ein widriger Wind, das Meer wird stürmisch. Vergebens setzt er tagelang Segel und Ruder in Bewegung; immer ferner entflieht das ersehnte Ufer. Endlich muß er der feindlichen Macht nachgeben und sich blindlings den Wogen überlassen. Das Meer, welches das schwankende Fahrzeug zurückwirft, bietet ihm endlich einen Zufluchtsort, führt ihn in einen Hafen, fern von dem, wohin seine

Richtung ging. Die erstaunten Wanderer bewundern am Gestade die Macht des Schicksals. So pflegt der Mensch zu nennen, was unerwartet und auf unbekannten Wegen und ohne seine Absicht sich ereignet. Aber wenn es für euch Zufall war, törichte Sterbliche, so war es nicht Zufall für den, dem es allein zukommt, die Ereignisse zu lenken. Euere Absicht war, nach Kreta zu segeln, aber derjenige, dem das Meer und die Elemente gehorchen, wollte nach seinem ewigen Ratschlusse, daß ihr auf Cyprus landen sollet. Ihr hattet die Kunst und euere schwache Kraft in Bewegung gesetzt, um an dem vorgesteckten Ziele anzukommen. Spielend hielt er euch nach dem Auslaufen aus dem Hafen zurück, und indem er bald die Winde bezähmte, bald sie spornte, führte er euch endlich dorthin, wohin er wollte.

Die Tochter des Königs von Ägypten steigt herab an den Fluß. Sie hat bloß die Absicht, durch das Bad sich abzukühlen; allein ganz anders ist die Absicht des Himmels, die sie dorthin leitet. In einem leichten Körbchen schwimmt auf der Woge ein hebräisches Knäblein, das der Himmel zu außerordentlichen Taten bestimmt hat. Sie entdeckt es und wird von Mitleid gerührt. Dieses Mitleid scheint nur die natürliche Äußerung eines gefühlvollen Herzens; aber der Himmel weiß wohl, was daraus werden soll. Die ägyptische Fürstin rettet, ernährt und erzieht denjenigen, welchen der Himmel zum Werkzeuge ausersehen, die Ketten seines unterdrückten Volkes zu zersprengen. Abrahams Volk wird in Freiheit gesetzt, von Moses empfängt es dieselbe; aber von der Tochter seines Feindes erhält es seinen Befreier. Das

Weib von Samaria begibt sich an den Jakobsbrunnen, bloß in der Absicht, Wasser zu holen. Aber es leitet sie dorthin die unsichtbare Hand desjenigen, der um der verirrten Schafe willen vom Himmel herabstieg. Er erwartet sie dort, um ihr von jenem himmlischen Quellwasser mitzuteilen, welches den Menschen unsterblich macht. Mutlos seh´ ich am Ufer des Sees Genesareth den guten Simon die Netze waschen, die er die ganze Nacht vergebens ausgeworfen. Fischer, erheitere dein betrübtes Herz! Nichts geschieht hienieden ohne Gottes Willen. Kehre wieder in deinen Rachen in Gesellschaft desjenigen, der bisher am Ufer predigte, und in seinem Namen wirf wieder das Netz aus! Bald, bald wirst du sehen, welchen Anteil er an den irdischen Ereignissen hat. Großes Wunder und Geheimnis! Von Einem Zuge werden zwei Schiffe voll bis zum Versinken. Der Fischer, von höherem Lichte getroffen, beginnt schon erhabene, geheimnisvolle Dinge zu ahnen. Er sieht ein, daß nicht der Zufall, sondern die mächtige Stimme des Herrn, durch den die Fische leben, dieselben während der Nacht entfernte und sie nun vor ihm versammelt. Erstaunt fällt er dem Gottmenschen zu Füßen und ruft: „Ach Herr! Gehe von mir hinweg; denn ich bin ein sündiger Mensch!" Von dir soll er sich wegbegeben? Und doch kam er auch um deinetwillen, der himmlische Fischer. Das Wunder war bloß die Lockpfeife, du bist die Beute. Diese köstliche Gesinnung aufrichtiger Demut, die du im Herzen trägst, ist ein Geschenk von ihm und macht dich ihm wohlgefällig. Von nun an wirst du ihm folgen und er wird dich zum Menschenfischer machen. Einst wirst du sehen ein großes Tuch, voll von vierfüßigen Tieren und Insekten und Vögeln, an vier Zipfeln vom Himmel herabfallen und dieses Zeichen und die Stimme, die dasselbe begleitet, werden dir zu erkennen geben, daß nun alle Völker und Nationen der Erde deine Beute sein werden. Und glückselig diejenigen, die von deinem heiligen Netze umschlossen werden! Er wird dieselben aus den tückischen Wogen dieses unglückseligen Meeres über den Sternen versammeln, wie jenes geheimnisvolle Tuch, das du einst sehen wirst.

So spielt mit uns die unendliche Weisheit desjenigen, der mit solcher Leichtigkeit das Weltall schuf, wie der Mensch dem Wachse in seiner Hand eine beliebige Gestalt gibt, und der nach seinem Willen dasselbe stets lenkt und beherrscht. Unser schwacher Verstand, welcher die Kette der erschaffenen Dinge und die verborgene Hand des Allmächtigen, der sie hält und bewegt, nicht erfassen kann, bleibt mit seinen Gedanken da stehen, wo der Blick nicht mehr durchdringt. Er sieht nur die letzten Ringe, die uns am nächsten sind, und weil er nur die Beschaffenheit derselben kennt, so schreibt er ihnen die Wirkung zu, deren erste Veranlassung er nicht ergründen kann. Es bebt die Erde durch unterirdische Kraft, Städte werden erschüttert und unter ihren Ruinen die Bewohner begraben. Die Luft wird geschwängert mit bösartigen Dünsten und eine Pest verbreitet sich über der Erde. Zu Tausenden fallen die Menschen, angesteckt von ihrem Gifte. Ihre Weisheit, die sich anmaßt, von allem den Grund anzugeben, nennt das bloße und einfache Wirkung der Natur. Was verstehst du unter Natur, du Orakel der Erde? Die Schöpfung, die Welt? Das ist ein großes Reich; aber es hat seinen Beherrscher. Verstehst du darunter die Wirkung der verschiedenen Dinge, die das Weltall ausmachen? Diese sind nur Gesetze; aber es gibt einen Gesetzgeber, der sie vorgeschrieben hat, und der genau über ihre Beobachtung wacht. Über alles Erschaffene herrscht ein ewiges, unendliches Wesen, welches einem jeden seine eigene Kraft gibt, erhält und lenkt. Nach seinem Wohlgefallen bewaffnet oder bezähmt er die Wut der Tiger oder die Stärke der Löwen. Er gebietet über das Erdbeben, er läßt den Blitz sich entzünden oder erlöschen, er regt auf oder besänftigt die tobenden Flüsse. Von seinem Winken hängt alles ab. Bestimmt ist die Lage der Sandkörner am Ufer und in der Tiefe des Meeres; weder die Fluten noch die Winde können ein einziges wegführen ohne den Willen des Allbeherrschers. Der Allmächtige schweigt, und das Weltall liegt in tiefer Stille und ohne Bewegung. Er gebietet und das Weltall beeilt sich, dem hohen Befehle zu gehorchen. Er will, daß die Welt sich umwandle, und sogleich verändert sie ihre Gestalt. Nackt und trocken ist der Fels, so lange er will; aber wenn er gebietet, daß derselbe sein dürstendes Volk erquicken soll, so verwandelt sich der trockene Fels in eine Wasserquelle. Seit der ersten Stimme des Schöpfers bleibt das Meer eine flüssige Ebene; aber sobald er ihm gebietet, seinem fliehenden Volke schnellen Durchgang zu gewähren, zerteilt es sich, erhebt sich zu beiden Seiten wie Berge und wie Mauern stehen seine Fluten. Die Heuschrecken verlassen ihren gewohnten Zug, sobald er ihnen befiehlt, sich über Ägyptens Fluren zu versammeln. Auf den Wink des Ewigen ändert die Sonne ihren Lauf, und das Volk, das nach Anordnung des Himmels kämpfte, freute sich während der Nacht ihres Lichtes. Die entflohenen Seelen des Lazarus und der Tochter des Iairus verlassen die sterbliche Hülle zur Zeit, die ihnen der Schöpfer bestimmte; aber auf einen zweiten Wink von ihm kehren sie zurück in die frühere Wohnung, um dieselbe nur zu verlassen, wenn er´s von neuem gebietet.

Hier ist die Hand des Allerhöchsten fühlbar, weil der Mensch sie sieht und das Wunder anerkennt. Aber warum sieht, warum betet er sie nicht an in allen anderen Wirkungen der Natur wo sie verborgen ist? Ist vielleicht dasjenige, was sich weniger von dem gewöhnlichen Laufe der Natur entfernt, nicht ebensowohl sein Werk, als jenes, was dich so neu und außerordentlich überrascht? Hängt vielleicht dasjenige, was nach den allgemeinen Naturgesetzen einförmig geschieht, weniger von seinem Willen ab, als das, was außer diesen Gesetzen sich ereignet? Ein außerordentlicher Feuerregen fällt über die ruchlosen Städte herab. Mit Schrecken erfüllt dich bei dieser Trauergeschichte die Rache des Herrn. Du siehst rings um dich her durch eine bösartige Seuche die bevölkerten Provinzen in eine Wüste verwandelt und klagst darüber die Natur an und suchst Hilfe bei der Kunst und erhebst nicht einmal deinen Blick von der Erde weg, als hätte der Wille des Allerhöchsten damit nichts zu tun. Tor! Weißt du nicht, daß sowohl Feuer als Krankheiten Vollstrecker der göttlichen Befehle sind? Daß weder das Feuer zündet, noch die Krankheit tötet, ohne den Wink von oben? Aber dort entdeckst du die Hand, die dieses wirkt, und hier siehst du sie nicht. Sein Machtgebot bereitet in der Wüste aus wenigen Broten Speise für eine unzählige Schar. Du siehst da eine wundervolle und dankwürdige Tat. Dieselbe Stimme vermehrt auf dem Felde deine schwache Saat. Du sammelst sie ein und nährst dich davon und nennst nur Regen und Sonnenschein deine Wohltäter. Blinder und undankbarer Mensch! Kennst du so die Gabe und den Geber?

Und du, der du es Zufall nennst, das Zusammentreffen verschiedener Ursachen zu Einer Wirkung, warum verlierst du, dem dummen Viehe gleich, denjenigen aus dem Gesichte, der in dem ganzen Weltall jegliches nach Maß und Gewicht ordnet?

Aber wenn denn nichts ohne Gottes Willen geschieht, so ist auch das Böse, welches in so mancherlei Gestalt die Erde heimsucht, der Gottheit Werk. So bildet sich derselbst ein Labyrinth, der keine Kenntnis hat von übernatürlichen Dingen. Um sich da auszuhelfen, verfällt der blinde Manichäer auf Aberwitze. Um einer Gotteslästerung zu entgehen, verfällt er auf eine größere Ruchlosigkeit, und indem er zwei Götter annehmen will, behält er keinen. Was nennst du böse? Die Krankheit, den Schmerz, das Elend, die Not? Das ist für den Gerechten nur Anlaß zu größerer Gerechtigkeit, eine Quelle und Gelegenheit zu herrlicherem Lohne im ewigen Leben. Für den Sünder ist es nur ein Heilmittel, wofern er sich desselben bedienen will, immer aber eine gerechte und wohlverdiente Züchtigung. Was ist denn nun das Böse? Der Tod? Dieser ist nur der Übergang des Menschen zu seinem ewig glücklichen oder unglücklichen Lose, wie er's sich durch seine Werke verdient hat. Das einzig Böse ist also die Sünde, die Schuld; und diese ist stets gegen den Willen Gottes, obschon er alles zuläßt, was hienieden geschieht. Als unwandelbare Richtschnur aller wahren Tugend, als Quelle und einziger Gegenstand der Heiligkeit schließt er dieselbe nach seinem unveränderlichem Wesen von sich ganz aus. Als ewige und unbestechliche Gerechtigkeit will er durch sein anbetungswürdiges Gesetz dieselbe auch von seinen Geschöpfen verbannen. Nach dem Abfalle der Engelscharen, die nun in den Abgrund verbannt sind, ist es der Mensch allein, der das Laster in die Welt bringen kann, indem er sein Herz demselben hingibt. Und dieses ist's, was der höchste Richter verbietet. Wenn der Mensch den göttlichen Geboten untreu wird und das verhaßte Ungeheuer in seinen Busen aufnimmt, so bekämpft ihn der Allerhöchste mit unversöhnlichem Kriege, stürzt und belegt ihn mit ewigen Strafen. Aber warum eilt nicht seine unüberwindliche Macht, demselben den Weg zu versperren und es auf immer aus der Welt zu verbannen? Weil seine unendliche Weisheit, seine unendliche Herrlichkeit und eben diese unwiderstehliche Macht es nicht will. Als Krieger, dessen Tapferkeit des Sieges gewiß ist, könnte er auch ohne Kampf den Feind schlagen; aber er will nicht, um aus dem Übermute sich einen herrlicheren Triumph zu bereiten. Er bringt ihn zum Stehen; wenn aber gegen ihn auftritt, so erwartet er ihn innerhalb des Walles und greift ihn dann an, wirft ihn zu Boden, fesselt ihn und macht ihn zu größerer Beschimpfung zu seinem Sklaven. So verfährt der Allmächtige mit dem Laster, welches gegen sein Verbot in die Welt kommt. Wohl könnte er ihm den Eingang verwehren, tut es aber nicht, damit er sich nachmals statt des Schimpfes eine ewig, glänzende Huldigung bereite. Tiefer, schauerlicher Abgrund, vergebens wütest und tobst du gegen denjenigen, der dich mit Qualen und mit Feuerströmen überschüttet. Gegen deinen Willen sind deine giftigen Lästerungen Lobgesänge für den anbetungswürdigen Namen, den du verwünschest. Dein Geheul, dein Geklirr erheben ebenso sehr, wie die Harfen der Engel, die ewige Majestät. In dir, wie im Himmel, leuchtet seine grenzenlose Herrlichkeit. Der Himmel preiset in Feiergesängen seine Barmherzigkeit, und du bringst in Verzweiflung ein ewiges Opfer seiner Gerechtigkeit.

Großer Gott, wie erhaben sind deine Ratschlüsse! Aus der Schuld selbst, die doch das einzige Böse ist, lässest du Gutes hervorgehen; nicht nur in dem Abgrund ist es gezwungen, dir zu dienen, sondern auch hienieden wirkt es, während es dich bekriegen will, ohne Wissen und Willen nach deinem Plan und erfüllt deine Absicht.

Noch dampft die Erde von dem Blute der Christen, die die Wut der Götzendiener gemordet hat, um das große Werk deiner Liebe zu zernichten. Es floß in Strömen, und alle Länder, die dem Kapitolium unterworfen waren, wurden damit getränkt. Konnte all dieses vergossene Blut, wie es die Hölle hoffte, die Kirche ersticken? Vielmehr war es der Same neuer Christen und sein Hinströmen beförderte das Gedeihen der Pflanze, die man ausrotten wollte. Ewiger Gott! Welche Verbrechen sparte man in diesem Kriege dir zu Schmach und zum Verderben deiner auserwählten Braut? Was war der Erfolg so vieler Verbrechen? Was gewann dabei die Gottlosigkeit? Sie haben die Erde mit Anbetern deines Namens erfüllt, den Himmel mit Seligen und das Weltall mit deinem Ruhme und deinem Triumphe.

Der höllische Drache stürzte durch seinen Unheil bringenden Betrug das ganze Menschengeschlecht in den Abgrund des Verderbens. Es steigt Gottes Erbarmung zur Erlösung hernieder und der Wüterich, einzig besorgt, daß ihm seine Beute nicht entrissen werde, kehrt seine ganze Wut gegen den Retter. Fürst der Finsternis, willst du etwa vereiteln des Allmächtigen Willen? Ja, er will´s. Selbst die Kranken verhärtet er und macht sie verstockt für die Erbarmung Gottes. Siehe, wie die Gefangenen ihre Ketten lieben und als Diener des Unterdrückers selbst sich rasend und wahnsinnig bewaffnend gegen denjenigen der zu ihrer Befreiung kommt. Ach! Sieh´, wie er die Zielscheibe ihrer Wut ist, ganz mit Blut und Wunden bedeckt; siehe, wie er an´s schmachvolle Holz geheftet, stirbt und erblaßt. Eine neue und unerhörte Schmach für die schreckliche Majestät des Höchsten, eine neue fürchterliche Schuld für das schon verlorene Menschengeschlecht, und ach, wir Elenden! Ein neuer Grund des Verderbens für uns alle und der jammervollen Tod bringenden Rache. Unglückliche Erde, unglücklicher Aufenthalt von Gottesmördern, ach! In deinem Schoße ruhte die entseelte Hülle des Herrn der Welt. Verflucht vom Himmel und der Sonne verhaßt, die sich in Dunkel hüllt, um dich nicht mehr anzublicken, was soll aus dir werden! Fürst der Finsternis, deinem Hasse ward die Macht gegeben, die du wünschtest. Sieh´, dein Werk ist vollendet; hast du gesiegt? Hast du den Ruhm deines Herrn verdunkelt, seine erbarmungsvollen Absichten gegen die Erde vereitelt? Verzweiflung verzehrt dich. Du hast dir selbst deine Ketten geschmiedet, du hast deine Sklaven davon befreit, du hast erhöht den Ruhm dieses Gottes, gegen den du kämpftest, du selbst hast seine hohen Absichten erfüllt. Du begannst das schwärzeste Verbrechen gegen den Allmächtigen und aus dem schwärzesten Verbrechen zog der Allmächtige das größte Gut. Dieses Verbrechen gab Anlaß, daß für den verlorenen Menschen das Schlachtopfer herabkam, welches allein imstande war, den Zorn des beleidigten Weltbeherrschers zu besänftigen und die Schmach zu tilgen, die der Mensch seiner Majestät zufügt. Dieses Verbrechen verschaffte dem Gott der Herrlichkeit die edelste Huldigung, die man ihm bringen kann, die edelste, welche vergangene Jahrhunderte sahen und wie die Zukunft keine mehr sehen wird, die einzige, die eines so großen Gottes würdig ist. Aus diesem göttlichen Blute, das hienieden floß, ist ihm eine unermeßliche Schar auserwählter Kinder entsprossen, der Gegenstand seines ewigen Wohlgefallens, seiner ewigen Liebe. Durch dieses göttliche Blut ward der Mensch, vorher tot, wieder geboren zu einem neuen ewigen Leben, ward Bürger des Himmels und Mitgenosse der unendlichen Herrlichkeit, der Gottheit.

Erhabene Vorsehung! Sei angebetet vom niedrigen Sohne des Staubes. Höher als die Sterne sich über die Erde erheben, steht dein ewiger Ratschluß über alle geschaffene Weisheit. Vergebens will der Mensch sich ihm widersetzen. Was er gegen deine Ordnung aufführt, sind Ruinen, und diese Trümmer dienen zur Grundlage für dein Werk. Er mag bauen oder niederreißen, so arbeitet er für dich und, ohne es zu wollen, dient er dir auch da, wo er dich beschimpft. Vergebens erhebt sich derjenige, den du niederhalten willst; vergebens bemüht sich die ganze Welt, denjenigen niederzudrücken, den deine Rechte emporhebt. Welchen Weg auch immer die Sterblichen einschlagen mögen, um sich von deinem Willen zu entfernen, so führst du sie doch immer wieder auf demselben Wege zur Ausführung deiner Werke.

Mensch, du allein bist es, der dir schadet, und dein einziges Unglück besteht darin, daß du dir den zum Feinde machst, dem alles gehorcht. Wenn du seine köstliche Liebe im Herzen trägst, was fürchtest du das Schicksal? Alles hängt ab vom dem Willen desjenigen, der dich selig machen will. Laß ringsum toben die Wut der Elemente, laß drohend unter deinen Füßen die Erde beben, laß brüllen unter dem brechlichen Fahrzeuge das brausende Meer, laß Kriegesscharen wider dich auftreten – Menschen, Erde und Abgrund können dir nicht schaden. Sie alle sind Diener deines Herrn; von ihm empfangen sie ihre Macht und diese hängt nie ab von ihrem bösen Willen, sondern von seinen Winken. Er ist ein treuer Hort seiner Freunde, er lenkt denen, die ihn lieben, alles zum Besten. Sein mächtiger Arm hält alle Schläge von ihm ab, und nur solche können sie treffen, die ihnen zum Heile und zum Ruhme gereichen. Du erschrickst vor jedem Unfall. Törichter! Weißt du nicht, daß oft die besten Arzneien bitter sind? Die Speise der Auserwählten ist hienieden selten süß. Der Himmel prüft sie hienieden, übt und veredelt ihre Kraft und bewahrt ihnen anderswo Schätze der Wonne und der wahren Freude auf. Schau´ auf jenen hebräischen Hirtenknaben. Der Neid seiner Brüder weiht ihn dem Tode, und nun wird er verkauft und fern von seinem lieben Vater weggeführt. Dort wird ein hartes Gefängnis der Lohn seiner Unschuld. Welch eine Reihe von Unglücksfällen! Würdest du ausrufen. Du täuschest dich, kurzsichtiger Mensch. Die Eisterne, die Verbannung, der Kerker, die Verleumdung sind nur die Stufen, auf welchen er zum Throne schreitet. Sieh´, da sitzt er zur Seite des Königs von Ägypten und empfängt die Huldigung der Völker. Sieh´, zu seinen Füßen demütig flehend, seine Verfolger. Der Himmel hatte schon ein Zeichen gegeben, daß er ihn über sie erheben wolle. Ihr Neid brachte die Weissagung in Erfüllung, indem er sie vereiteln wollte. Zu den erhabensten Thronen bestimmt der Himmel seine Freunde und führt sie dorthin durch die bittersten Wechsel dieses Lebens. Sieh´, die Gerechten, deren die Welt nicht wert war, unstet, umherirrend in Wüsten, auf Gebirgen und in Höhlen, verfolgt, gemißhandelt, in Not und Bedrängnis! Sieh´, wie sie preisgegeben sind dem Hohne der Gottlosen, mit Wunden

132

bedeckt, in den Stock geschlagen und endlich hinausge-
führt, um unter einem Steinhagel, unter dem Schwerte
und dem Mordbeile zu sterben! Ihr himmlischer Vater
sieht und beobachtet alles und steht ihnen zur Seite mit
all seiner Macht; dennoch läßt er sie unter den Dornen
wandeln, um sie desto reicher an Heldentaten zum
ewigen Triumphe zu führen. Und du, ewiger Sohn des
ewigen Vater, der Abglanz seiner Macht und Liebe,
wolltest durch Wunden und Blut und durch den Kreu-
zestod zu deiner Herrlichkeit eingehen und dir ein neues
Volk erwerben, bestimmt für deine erhabene Wohnung.
So wollte es deine ewige Weisheit, die auch die Weisheit
deines Vaters ist.

Nach einem solchen Beispiele, nach einem solchen
Vorbilde für jeden, der seinem ewigen Könige gefallen
will, wie bist du so süß, so liebenswürdig, göttliche Vor-
sehung, auch wenn du uns geißelst! Sterblicher! Der
große König, der uns aus dem Nichts hervorgezogen,
hat Gedanken des Friedens über uns und liebevolle
Absichten. Er will, daß wir glücklich seien und zur
Vollendung dieses großen Werkes fordert er bloß unsere
Liebe. Ihn zu lieben sei also unser einziger Gedanke.
Jede andere Sorge geht ihn allein an und bleibt in seinem
Schoße. Er gibt uns das glückliche Los, welches er uns
bestimmt hat. Wenn wir ihn lieben, so ist das große
Werk vollendet. Seine Güte ist grenzenlos und unend-
lich seine Liebe. Denen, die ihn lieben, gereicht alles zum
Guten. Auch der härteste Unfall wird unter seiner Lei-
tung ein Mittel zum Heile. Durch einen bitteren Kelch
verbannt er oft unsere Krankheit oder kommt ihr zuvor.

Glücklich der Mensch, der sich demütig dem himmlischen Arzte anvertraut und seine Lippen nicht entzieht dem heilbringenden Kelche, den er uns darbietet! Mit Dornen umgibt er die auserwählten Pflanzen, die er auf die ewigen Hügel versetzen will. Oh ihr süßen, ihr lieben Dorne, die eine so teure Hand uns darbietet, um an uns ihre liebevolle Absicht zu erfüllen!

Achte Nacht

Die Glückseligkeit

Wer als Sklave in ein fremdes Land weggeführt wird, fern von aller Hoffnung, seine Heimat je wiederzusehen, findet seinen einzigen Trost darin, daß er im Geiste die Gegend besucht, die er körperlich nicht besuchen darf. Diesem Troste weiht er die einsamen Stunden und mildert seinen Kummer durch milde Täuschung. Zuweilen steht er auf dem Gipfel eines Berges und rings umherblickend, sieht er jenes Ufer, welches kein Auge erblickt, seinem Geiste aber lebhaft vorschwebt. So unbeweglich und gleichsam außer sich, kommt es ihm vor, als sei er im väterlichen Hause bei den lieben Eltern und Geschwistern. Schon sieht er die Ersehnten, schon hört er ihre wohlbekannten Stimmen und fragt nach tausend Dingen und erzählt vielerlei. Zuweilen setzt er sich an das Ufer eines Flusses, und das traurige Antlitz zur Erde gesenkt ruft er sich schweigend und gedankenvoll die süßen Erinnerungen seiner Glückseligkeit zurück, die unschuldigen Freuden seiner Kindheit, seine Mutter, seine Freunde, die Zeit und den Ort seiner Belustigungen. Und dann durchgeht er im einzelnen die späteren Jahre und erstickt zuweilen durch Schluchzen und Wehklagen den bitteren Schmerz.

Auch ich suche, fern von dem lieben Vaterlande, nach welchem dieses kummervolle Herz seufzet, mich den Augen der Sterblichen zu entziehen, um meine Gedanken dorthin zu senden und meinen Tränen freien Lauf zu lassen. Du sanfte, stille Nacht, wo die Welt durch Ruhe den müden Körper erquickt, du begünstigst freundlich mein Vorhaben. Der Himmel ist mein Vaterland. Zum Himmel sind alle meine Neigungen gerichtet, nur gar zu müde des irdischen Treibens, wo nichts als Betrübnis und Bitterkeit herrscht. Oh du, der du von dort die ganze Natur beherrschest, und der du dich von uns mit dem süßen Vaternamen nennen lässest, leite uns liebevoll in deine ewige Wohnung. Du, ohne dessen Beistand niemand sich dorthin erschwingen kann, führe meinen Geist an die seligen Ufer, für die deine ewige Güte mich bestimmt hat. Aber schon fühle ich mich über mich selbst erhoben. Der prachtvolle Anblick der Sterne zieht mich schon an und erhebt meinen Geist, belebt mit himmlischer Kraft. Glücklich, ihr Verstorbenen, deren kühle Asche im Grabe ruht, wofern ihr abgeschieden seid würdig jenes Aufenthaltes! Erloschen ist der Kummer, der Schmerz hört auf, verbannt ist die Furcht und getrocknet auf immer die Klageträne. Auf euere Mühsale folgt die Ruhe; die Gefahr ist in eine Siegespalme, der Kampf in Triumph verwandelt und der Schmerz in Freude und Ruhe.

Ach, wir Armen, die wir uns stets in einem fremden Lande befinden, von gefährlichen Nachstellungen rings umgeben und in der Ungewißheit, entweder für immer zu siegen oder für immer zu Grunde zu gehen! Welcher Trost bleibt uns in dieser traurigen Lage, als den tränenvollen Blick oft nach jenem seligen Lande dort oben zu erheben und danach zu seufzen! Seliges Land, wo alle Zufriedenheit herrscht, du schönes Land des Friedens und der Freude, über dem kein düsteres Gewölk, kein stürmischer Wind sich erhebt, ich sehe dich, ich schaue dich, ach! Nur zu fern, von diesem dürren Felsen; aber wann wird's mir gegönnt sein, mit sicherem Fuße dich zu betreten? Wann wird mein Geist diese düstere Hülle verlassen und wann werden diese Glieder in den Schlaf sinken, um nicht mehr zu erwachen, bis der Engel mit der Posaune ruft?

Aber ach! Die Nacht wird dunkler, Schrecken befällt mich und das zitternde Herz starrt mir vor Furcht in der Brust und ein kalter Schweiß rinnt mir von der Stirn. Stolzer Gedanke, der du mir eine ewige, aber zugleich ungewisse Zukunft vorhältst! Ich sehe dich abgebildet in der Unermeßlichkeit des Himmels und in seiner unwandelbaren Dauer. Also über ein Kurzes wird für mich die Zeit aufhören und in ihren Schoß wird mich die Ewigkeit aufnehmen! Also nach wenigen Augenblicken wird mein Los entschieden sein! Entweder eine glückliche Ankunft im Hafen der ewigen Ruhe, oder ein ewiger Schiffbruch in einem Meere voll Unglück, ohne Rettung! Und muß ich dann zum Übermaß der Qual selbst der Urheber meines Schicksals sein, ich, von Geburt an ein Sklave der Sünde, zum Bösen stets geneigt und zum Guten so träge? Ach! Bei solchem Gedanken flieht mich der Schlaf, heiße Tränen quillen aus meinen Augen und ich bin trostlos.

Oh schwarze Nacht, wohin hast du meine Gedanken geführt! Aber während ich zittere und über mein ungewisses Los schaudere, wird dasselbe vielleicht für manche von meinen Gefährten in hartem Todeskampfe auf immer entschieden. Oh Himmel, in diesem Augenblicke gelangt vielleicht irgend ein seliger Geist zu deiner goldenen Schwelle, und in diesem Augenblicke öffnet sich vielleicht das schwarze Tor des Jammerreiches für andere unglückselige Geister! Aber warum grämst du dich, oh meine Seele, und wirst immer zaghafter und erliegst unter der Last einer düsteren Schwermut? Blick´ hin auf deinen Herrn und gib dich freudigen Gedanken hin. Groß ist die Gefahr; aber groß auch deine Hilfe. Groß ist die Kraft, die dich stürzen will; aber weit größer noch die Macht deines Gottes, der dich aufrecht erhält, und unendlich ist seine Güte. Deine Schicksale liegen in der Hand eines Vaters, der an Liebe seinesgleichen auf der Erde nicht hat. Aus allen seinen Werken strahlt seine Herrlichkeit hervor; aber vor allem aus den Werken seiner Liebe. Er zog dich aus dem Nichts hervor, bloß um dich glücklich zu machen. Zum Unterpfande seiner Liebe setzte er dich zum Herrn über alles, was da lebt und sich regt auf der Erde, in der Luft und in der Tiefe der Wasser. Er stieg aus dem Schoße der Herrlichkeit hernieder, um dich heimzusuchen, und um dich zu gewinnen vergoß er all sein Blut. Und du wirfst dich weg und setzest ein undankbares Mißtrauen auf deinen Gott? Auf, erheb dich aus dieser schmerzlichen Niedergeschlagenheit, deine Zunge besinge sein Lob und deine Stimme vereinige sich mit den Harfentönen der Engel.

Ewiger Gott, in dein väterliches Herz versenke ich mich und ersticke jeden bitteren Zweifel über mein ewiges Los. Ich will in meinem Herzen nichts anderes dulden, als deine unschätzbare Liebe. Du, oh süßes und stilles Vertrauen auf den Geliebten, bewache mein Herz, und will ein trüber Gedanke sich einschleichen, so sag´ ihm: Du darfst nicht; denn die Liebe besitzt und erfüllt es ganz.

So erhebe dich nun von neuem zum Himmel, meine Seele, und betrachte die ewigen unermeßlichen Güter, die dein Gott dir versprochen hat. Glaube und Liebe geleiten dich ins verhüllte Land. Du wirst also einst, gehorchend dem Winke des lieben Vaters, diese Hülle, die dich jetzt umgibt, verlassen, in Staub zerfallen und zu dem Mittelpunkte des Seins – zum höchsten Gute – dich erheben. Der Himmel, der dich jetzt in so weiter Entfernung schon in Erstaunen setzt, wird nur der Anfang deiner Bewunderung sein, so wie er nur die Scheidewand ist, die dir die höheren Regionen verbirgt. Von innen wird sich dir öffnen das unermeßliche Reich der ewigen Herrlichkeit.

Denke dir einen Menschen, der von seiner Geburt an bis zu den kräftigen Jugendjahren in einer dunklen Höhle heranwächst. Nie sah er ein anderes Licht und lernte keine anderen Gegenstände kennen, als eine düstere Lampe und was dieser finstere Aufenthalt umschließt, und nun wird er plötzlich versetzt in die freie Natur. Je stärker das Auge für den Eindruck des unge-

wohnten Lichtes wird, um so mehr entdeckt es ringsumher tausend unbekannte Gegenstände, die es bewun-
dert. Jeder Grashalm, jede Blume, jede Frucht, jeder
Baum ist ihm ein Wunderding und erweckt in seinem
Herzen Aufmerksamkeit und Liebe. Bei jedem Schritte
bleibt er erstaunt und neugierig stehen und betrachtet.
Jetzt betrachtet er die Vögel, die zwischen dem Laube
spielen, und mit unverwandtem Blicke merkt er sich ihre
Gestalt und verfolgt jede ihrer Bewegungen. Jetzt betrachtet er starr das Bächlein, das sich murmelnd durch
das grünende Ufer schlängelt. Jetzt dreht er sich um
beim Säuseln des Lüftchens und horcht nach der Bewegung des zitternden Laubes. Die bejahrten Eichen des
nahen Waldes, die ihre dichten Äste ineinander schlingen, die unermeßliche Ausdehnung des nahen Gebirges,
die in der Höhe schwebenden Wolken versetzen ihn vor
Freude und Erstaunen in Verzückung. Unterdessen
neigt sich die Sonne zum Untergange und endlich verschwindet sie. Da eröffnet sich seinem staunenden
Blicke eine neue Szene. Unterdessen sieht er, wie die
Luft sich verdunkelt und tausend Lichter am Himmel
sich anzünden, er sieht an dem Horizont eine neues
Licht aufsteigen, es sieht die Schwester der Sonne, die
ihren nächtlichen Lauf beginnt. Er schaut und bewun-
dert und kaum traut er seinen eigenen Augen, und indem er jeden Augenblick seinen neuen Aufenthalt mit
dem früheren vergleicht, ruft er aus: Jetzt erst fang´ ich
an zu leben, jetzt erst fang´ ich an zu sehen!

Größer noch wird mein Erstaunen sein, wenn ich
den irdischen Kerker verlasse und jenes Land betrete,

das mir Gott zur ewigen Wohnung bestimmt hat. Sehen werde ich die Auserwählten im Reiche der Herrlichkeit; sehen werde ich die zahllosen Scharen der himmlischen Geister und das Heer des ewigen Königs. Sehen werde ich den glücklichen Aufenthalt derjenigen, die eine Zeit lang in körperlicher Hülle diese Erde bewohnten; sehen die ewigen Hügel und die immer grünenden lieblichen Gebüsche, getränkt von der reichen Quelle der ewigen Wonne. Sehen werde ich die schönen Gestade, stets prangend mit unverwelklichen Blumen; atmen werde ich jene Luft, worin Unsterblichkeit weht. Sehen werde ich das himmlische Jerusalem, die prächtigen Tore und die hohen Mauern von Jaspis und Saphir und anderen Edelgesteinen, die kein menschliches Auge kennt und die der beschränkte Geist sich nicht einbilden kann.

Mein Gott, ich bin ein Kind, die Sprache fehlt mir, ich stammle kindliche Töne. Dieser unzulängliche Sinn will mich nicht verlassen auf dem rauhen Pfade. Dennoch rede ich zum Teile die Sprache, die du selbst geredet hast, um mir einen Begriff von jenen erhabenen Dingen zu geben. Wohl weiß ich, daß du so geredet hast, um dich zu meiner Niedrigkeit herabzulassen. Wohl weiß ich, daß unter der Hülle der symbolischen Worte hohe Geheimnisse der Allmacht, deiner Größe und Liebe verborgen sind. Aber wer weiß denn, daß deine göttliche Sprache zum Teile nur bildlich ist? Oh Glaube, oh teurer Glaube, da kommst du mir zur Hilfe. Du nennst mir das unermeßliche Land, wohin die Kinder Gottes wandern. Welches sind die Freuden jener seligen Inseln? Gibt es dort Blumen? Duften dort ausgesuchte Wohlgerüche? Sollten wohl Nektar und Ambrosia, welche die Heiden ihren Göttern zur Speise gaben, es wirklich sein für diese Bewohner? Hier erquickt uns das schnelle Säuseln der sanften Zephyre. Da gibt es sanfte Winde, welche diese seligen Bürger erquicken. Da gewähren anmutige Hügel, grünende Täler, liebliche Fluren und die Aussicht auf das Meer und der Anblick des Himmels ein unbeschreibliches Vergnügen. An welchen Gegenständen weidet sich dort das Auge? Gleichen sie wenigstens zum Teile den irdischen, oder werden sie für uns ganz neu erscheinen? Oh, wie sie auch immer sein mögen, so müssen sie wohl sehr groß sein, und um so lieblicher, je besser dort unser Los sein soll. Oh heiliger Glaube, gib mir Aufklärung über meine Zweifel. Sage mir, ob auch dann noch sinnliches Vergnügen statthaben wird, wenn der Körper, der so edel gebildet ist, sich wieder vereint mit jenem geistigen Wesen, das in uns denkt und will.

Der Glaube spricht; aber dunkel und sparsam sind seine Ansprüche. Er sagt mir, daß wir in dem neuen Leben den Engeln des Himmels gleichen werden, die nicht zur Ehe nehmen und nicht zur Ehe geben. Hiermit werden alle niedrigen Freuden, wie der sinnliche Mensch sie denken mag, von unserem künftigen Zustande ausgeschlossen. Übrigens entspricht dieser Zustand offenbar meinen Wünschen und ladet mich ein, den betretenen Weg zu verfolgen. Der Glaube sagt mir, daß in dem neuen Leben dieser mein Leib geistig sein werde, unverweslich, verklärt, unsterblich. Aber er sagt mir auch, daß es noch ein Körper sei, ein lebendiger, unsterblicher Körper. Also kein blinder, kein stummer, kein tauber und seiner edelsten Sinne beraubter Körper. Wie groß und wie rein müssen denn dort seine Freuden sein, wenn er deren schon so viele hienieden in seiner Verbannung findet!

Alsdann wir er frei sein von allen irdischen Mühsalen, nicht mehr fühlend die Last des schleichenden Alters. Eine ewige Jugend, eine blühende Schönheit wird diese Glieder beleben. Keine Müdigkeit wird ihn mehr zur Ruhe einladen, um die erschöpften Kräfte durch Schlaf zu ersetzen. Dort wird kein Wechsel mehr sein zwischen Leben und Sterben, kein schlafloses und starres Liegen auf weichem Polster. Die Freude des Tages, auf den keine Nacht folgt, erhält uns dort in einem wonnevollen ewigen Wachen. Dort weiß man nichts von Ermüdung. All unser Tun wird nur Freude sein und süße Ruhe; eine immer gleiche und immer unversehrte Kraft wird uns bleiben. Keine lästige Krankheit wird uns mehr umschlingen, keine stechenden Schmerzen uns quälen. Jede Krankheit, jeder Schmerz, bleibt auf ewig von dieser Schwelle verbannt; ewige Gesundheit erfreut uns. Kein quälender Hunger, kein brennender Durst fordert Erquickung für die matten hinwelkenden Glieder, das Leben fordert nicht mehr seinen täglichen Tribut, den wir ihm zollen, damit es uns nicht verlasse. Dieser unsterbliche Mund wird auf immer gesättigt mit solcher Süßigkeit, wie keine irdische Speise, kein irdischer Trank sie geben können. Hienieden wird oft der Landmann durch die brennende Sonnenhitze von seiner Arbeit vertrieben und sucht vergebens Schutz unter einer schattigen Buche; oft macht der kalte Nordwind, daß uns die Glieder erstarren. Dort herrscht ewiger Frühling, dort weht immer milde Luft; dort ist der Himmel ewig heiter, es gibt keine Sturmwinde, keine Platzregen, keine Gewitterwolke. Dort gibt es keine Blitze, kein Wetterleuchten, das den nahen Sturm verkündet, oder begleitet. Ewiger Friede herrscht unter den einträchtigen Elementen. Da gibt es keinen Wechsel zwischen Tag und Nacht. Ein ewiges Licht erleuchtet dort alles; kein düsteres Gewölk verfinstert den Horizont. Keine lästigen Regengüsse machen die Luft schwer, trübe und den Tag traurig; kein dunkler Schleier verwirrt die Gegenstände. Hienieden verlebt der eine froh seine Tage in geräumigem Palaste, in der Mitte der heiteren Kinder des Glückes, und hundert seufzen unter niedriger Hütte oder unter freiem Himmel unter den darbenden Mitgenossen des Elendes. Die Armut ist gezwungen, dem Verbrechen gleich, entweder zu fliehen, oder sich zu verbergen. Die Niederträchtigkeit verfolgt und unterdrückt sie überall. Dort wird der Name „Armut" ganz unbekannt sein. Jeder wird unermeßliche Schätze besitzen und mehr, als sein Herz verlangen kann. Keiner wird mehr die Verachtung seines niedrigen Standes in dem Angesichte des Großen und Mächtigen lesen! Die eitlen Titel von irdischem Adel werden alsbald mit dem Körper vermodert sein. Größere Ehrentitel werden dort der wahren Tugend teil. Dort werden wir alle Himmelsfürsten, Große des göttlichen Reiches und Vertraute des höchsten Königs. Oh ihr alle, die ihr auf Erden, mit schlechten Lumpen bedeckt, in der Kälte des Winters zittert, traget euer Schicksal mit Freude. In jenem ewigen Reiche warten euer die höchsten Ehrenstellen. Ihr werdet die Auserwählten des ewigen Königs. Er stieg auf die Erde hernieder und wollte euch gleich sein. Dort wird die kurze Ungleichheit der irdischen Abkunft aufgehoben oder verwischt. Dort wird jeder die Abzeichen des ewigen Adels tragen. Der Geist und der Körper, aus dem Grabe wiedergeboren, um in Gott zu leben, beide rühmen sich des himmlischen Ursprungs, der göttlichen Abkunft. Alsdann werden wir alle Söhne des Allerhöchsten sein. Die Tugend allein, die wir von der Erde mit hinübernehmen, wird die verschiedenen Grade und den Unterschied an Größe bestimmen. Unsere Herrlichkeit wird unserer hohen Bestimmung angemessen sein. Eine höhere Majestät wird unsere Stirn schmücken. Eine himmlische Anmut wird auf unserem Gesichte lächeln. Göttlicher Glanz wird uns dem Herrn der Herrlichkeit ähnlich machen. Mit Lust wird dieser irdische Körper glänzender als die Sonne und in seinen Bewegungen schnell wie der Gedanke, der in einem Augenblicke von der Erde zu den Gestirnen fliegt, jene unermeßlichen Regionen der Ewigkeit, wo es nimmer Abend wird, durchwandern, und was wird er dort sehen?

Dinge wird er dann sehen, die jetzt kein Menschenverstand begreift und wogegen alles, was wir jetzt sinnen und denken, wie nichts erscheint. Aber von dieser unbekannten Herrlichkeit werden die Sinne das Wenigste erreichen. Diese sind nur die schwachen Regungen des Geistes, der noch in dunklem Kerker verschlossen ist.

Ihrer sind wenige und jeder hat seinen engen Horizont, beschränkt auf eine Reihe von Gegenständen, die der Geist entdeckt und tiefer ergründet. So gehört dem Auge die Gestalt, die Farbe, die Ausdehnung der Körper an; so verbreitet sich das Gehör über die Töne. Aber dann wird uns dieser irdische Körper nicht mehr im Wege stehen. Dort wird der Geist wohnen, frei und gleichsam umgeben von einer glänzenden Hülle undurchsichtigen Kristalles. Und wer weiß, wie weit sich dort unsere Kenntnisse über die erschaffenen Dinge erstrecken werden? Gewiß können wir in diesem Körper kaum ein Fünkchen davon umfassen, und alles, was unsere Sinne begreifen, ist vielleicht wie ein Tropfen gegen das unermeßliche Meer. Wohl gibt es tausend andere unerschaffene Wesen, die uns jetzt eben so fremd sind, als dem Blinden das Gesicht und dem Taubstummen die Sprache, weil uns die Sinne dafür fehlen. Wer weiß, welche Geheimnisse verborgen sein mögen in dem unermeßlichen Firmamente, das uns leer scheint, und in den hohen Lichtkugeln, die wir nach Sonnenuntergang über uns funkeln sehen? Die Erde ist ein so kleiner Teil des Universums. Dennoch eröffnet uns die Natur eine so reiche Szene erstaunlicher Wunder. Die Sinne entdecken hier wenig. Wir wissen wenig, und kaum die äußere Hülle von dem, was wir zu wissen wähnen. Das Wesen der Dinge, die inneren Gründe ihrer Beschaffenheit sind uns Geheimnisse. All unser Wissen ist nur eine unvollkommene Äußerung unserer Unwissenheit. Dort werden wir erkennen, dort werden wir schauen. Wir schauen da die geschaffenen Dinge nicht bloß, wie die Hand des Schöpfers sie ausgesäet; auf eine weit vorzüglichere und erhabenere Weise ist uns da alles gegenwärtig. Wenn man mitten in dem Dunkel unaussprechlicher Geheimnisse Licht suchen darf, so werden wir dort vor unserem Geiste, versenkt in das Meer des göttlichen Lichtes und Gott ähnlich geworden, alles enthüllt sehen, wir werden es sehen in Gott und sozusagen wie Gott. So sah der Mensch an dem ewigen Worte, während es in Menschengestalt auf Erden wandelte, diese Gegenstände mit dem Auge des Körpers; aber er sah zu gleicher Zeit den verborgenen Gott mit jenem unermeßlichen Blicke, dem alles offenbar ist.

Mitten in jener erhabenen Wohnung wird unser Auge den ewigen Sohn des Vaters schauen in seiner Menschengestalt, umstrahlt vom Glanze der Gottheit. Aber unser Geist wird, geleitet von göttlichem Lichte, tiefer bis zur Urquelle durchdringen, in das unendliche Wesen der Gottheit, die er ohne Hülle schauen wird. Er wird Gott in der Menschheit schauen und in dem Gottmenschen die unendliche Majestät, die unendliche Schönheit, die Güte, die Weisheit, die Gerechtigkeit, die Liebe und die übrigen grenzenlosen Vollkommenheiten. Hier verstummt jede erschaffene Zunge, und jeder endliche Verstand wird blind und betäubt. Die Erde hat kein Bild, die Natur keinen Schattenriß, um dieses selige Los zu schildern. Eisen ins Feuer geworfen und glühend wie Feuer, Wolken von der Sonne beleuchtet und strahlend wie die Sonne sind nur unschickliche Bilder, um die Wonne des Menschen im seligen Genuß der Gottheit darzustellen. Alles, was die Erde Annehmliches darbietet, alle Freuden, die das Menschengeschlecht seit dem Anbeginne der Welt genoß, sind zusammen in Vergleich mit jener unaussprechlichen Wonne nichts als Bitterkeit. Oh Glaube, dem die Geheimnisse des höchsten Königs anvertraut sind, du kannst über diesen erhabenen Zustand Aufschlüsse geben. Aber hier verstummt selbst der Glaube. Schon alles hat er uns gesagt, da er lehrt, daß wir Gott schauen werden; da er lehrt, daß wir Gott besitzen und dadurch, daß er sich uns schenkt, gleichfalls in gewissem Sinne der göttlichen Natur teilhaftig werden. Hier schweigt der Glaube und bedeckt mit einem Schleier dasjenige, was dem Menschen hienieden zu wissen nicht gegönnt ist. Aber welch einen unermeßlichen Abgrund zeigt uns der Glaube in diesen wenigen Worten! Immerfort, oh Sterblicher, sollen diese deinem Geiste vorschweben, und durch Nachdenken über das, was dir schon gegeben ist, sollst du deine künftige Größe kennen lernen. Aber du möchtest alles wissen, was der Glaube dir jetzt noch verhüllt. Sterblicher, du kannst es; wende dich nur an die Liebe. Sie wird voll Milde deine Wünsche befriedigen. Sie wird dir den Schleier lüften; aber nicht eher, bis du deine irdische Hülle der Erde zurückgelassen hast. Liebe deinen Gott und du wirst einst sehen, wie süß es ist, ihn zu schauen. Das zu wissen ist nur dem gegeben, der auserwählt ist, es zu erfahren, und nur der erfährt es, welcher hienieden zu lieben versteht. Die Liebe allein öffnet dem Menschen den Zutritt zu so großen Gütern; darum, oh Mensch, wende dich an die Liebe!

Neunte Nacht

Die Weisheit Gottes im Reiche der Natur

Wie der Himmel gegen Morgen glänzt! Zitternde Strahlen steigen aus dem Meere auf und werden jeden Augenblick lebhafter. Der ganze Himmel rötet sich. Bald wird die Sonne aufgehen, die das nächtliche Dunkel verscheucht. Siehe, da blickt sie schon. Allmählich erhebt sie ihren Freudenblick über die Wogen und erfüllt die ganze Fläche mit ihrem Lichte. Sanft und kräuselnd spielt der Zephyr mit den beweglichen Wogen und jede Welle zittert in ihrem Glanze. Oh, wie unermeßlich und grenzenlos erscheint jetzt das Meer. Dem schwachen Auge erscheint es, als vereinige sich dasselbe mit dem weiten Himmelsgewölbe, welches alles bedeckt, und das Heer der Gestirne, womit dieses Gewölbe besäet ist, scheint mit jedem Tage aus den Wassern aufzusteigen und nach vollendeter Bahn in den nassen Schoß derselben sich unterzutauchen. Erhabener Anblick! Schöpfer, ich erkenne deine unsichtbare Hand und voll heiliger Ehrfurcht falle ich nieder und bete nah. Das Universum ist ein großes Buch, zur Belehrung deiner vernünftigen Geschöpfe aufgeschlagen. Aber der stumpfsinnige Mensch sieht es entweder nicht an, oder wenn er sich zuweilen entschließt, hineinzuschauen, so kümmert er sich wenig um die darin enthaltene Belehrung. Darum schöpfen wir aus einem Buche der Weisheit fast immer nur Torheit. Die alten Chaldäer und Ägypter lernten den Lauf der Gestirne und beteten die Geschöpfe an. Sie durchwachten Nächte mit Beobachtung der Sternbilder und kümmerten sich wenig, die Absicht ihres Daseins zu ergründen.

Weltweiser, du mühest dich ab mit dem Erforschen der Natur und kennst die geheime Kraft, die das Meer bei der Ebbe und Flut in Bewegung setzt. Du weißt, warum der Ozean bald wütend brüllt und den Frieden seiner stummen Bewohner stört, bald in sanfter und ruhiger Stille schläft. Du kennst die verschiedenen Heilkräfte der Pflanzen und Früchte. Du weißt, wo der Euphrat und Tigris entspringen, wie im Schoße der Felsen das Weltall sich härtet, wie in der Tiefe des Meeres die Perlen sich bilden! Du weißt, warum der Nil fruchtbar an Wassern, die er anderswo aufnimmt, dem Lande der Ägypter jene Fruchtbarkeit gibt, die der Himmel, sparsam an Regen, ihm versagt. Überschaust du das weite Feld deines Wissens, so gefällst du dir selber darin, blähest dich auf, und das Herz voll vom hohen Begriffe deiner Schätze, sprichst du bei dir selbst: Die Weisheit ist mein. Durch sie erheb´ ich mich über die übrigen Sterblichen. Durch sie herrsche ich über das unermeßliche Gebiet der Natur. Stolzer Wurm! Du machst die selbst zum Götzen, dem du huldigst, weil du in deiner Blindheit den nicht kennst, vor dem du das Knie beugen solltest. Steig´ auf zum Urquell und leg´ ab deinen eiteln Stolz, erhebe dich zum Allmächtigen, und huldigend lege zu seinen Füßen deine Weisheit nieder, die nur ein Tropfen seiner unermeßlichen Weisheit ist, die das Weltall umfaßt. Aber du, der du dich rühmst, so viel zu wissen, wie, weißt du denn noch nicht, daß deine Kenntnis im Vergleich mit dem, was du noch zu lernen hast, nichts ist? Kennst du die Zahl der Sandkörner am Meere, der Sonnenstäubchen in der Luft, der Sterne am Himmel, der Wassertropfen, der Lichtstrahlen? Weißt du die Grundfeste, auf welcher sich die weite Schöpfung bewegt, und die Ausdehnung des Firmamentes? Weißt du, welches Triebwerk das Universum in Bewegung setzt? Wo die Weltangeln befestigt sind? Wo die Grenzsäulen sind zwischen dem Nichts und der Schöpfung? Kennst du die Räume , die die Natur umgeben? Kennst du alle Augenblicke der Zeit? Die unermeßlichen und schnell fliehenden Jahre, die die Ewigkeit in ihrem Schoße birgt? Ach, wie dieses düstere Licht sich verdunkelt und wie alle menschliche Weisheit verschwindet vor dem, der allein weise ist! Die menschliche Weisheit beginnt und endet damit, daß man sich als einen Toren erkennt vor der unendlichen Weisheit.

Lehrerin der Menschen, du, ohne welche alles menschliche Wissen nichts ist, die du in so mancherlei Gestalt deine Kinder unterrichtest und uns, die wir nur belebter Staub sind, die ewigen Geheimnisse des Allerhöchsten eröffnest, rede du, unerschaffene Weisheit, zu diesem Herzen, welches in Demut dich anruft. Es mögen für mich die Orakel der Welt schweigen und die Weisen der Erde verstummen, nur du laß mich deine himmlische Stimme vernehmen. Dir gefällt die Stille und du pflegst nicht den Laut deiner göttlichen Stimme mit dem irdischen Lärm zu vermengen. In der Einsamkeit offenbarst du dem Menschen deine Ratschlüsse. Siehe, diese Stunde ist dazu geeignet; eine tiefe Stille bedeckt den Erdkreis und der Schlaf hält die müden Sterblichen in süßen Banden gefesselt. Einsam und horchend hang' ich an deinem Munde und suche meine Ruhe in deinen heiligen Aussprüchen. Ich fordere nicht mit stolzer Bitte, daß du mir den Himmel öffnest und mich deine Stimme vernehmen lassest, wie du einst in seiner sterblichen Hülle dem erwiesen, den du aus einem Kinde der Unwissenheit und aus einem stolzen Eiferer zum Lehrer der Heiden umwandeltest. Ich verlange nicht, daß du mich dorthin versetzt, wo du auf deinem Lichtthrone der Natur Gesetze vorschreibst und die Ereignisse lenkst. In diesem Erdentale sprich zu meiner Niedrigkeit. Während ich hier deine Werke betrachte, laß mich darin deine schaffende Hand erkennen. Laß mich verstehen die Sprache, die du darin redest, und während das Auge aufmerksam deine Werke überschaut, mögen sich deine Worte wie ein fruchtbarer Tau in meine Brust senken und das dürre Erdreich, das jetzt nur Dornen trägt, möge die köstlichen Früchte der Keuschheit, der Gerechtigkeit und der Gottesfurcht bringen.

Oh ihr Werke meines Gottes, welch eine süße Unterhaltung gewährt ihr mir, wie lieblich verkündet ihr mir seine geheimnisvolle Größe, während er selbst in unzugänglichem Lichte wohnt! Oh, wie fühle ich mein Herz von der Erde emporgehoben, während ich auf euch merke! – Nicht nur das, was uns groß scheint, trägt die

Spuren der ewigen Weisheit. Sie glänzt auf gleiche Weise an den geringsten Geschöpfen, und wenn der Mensch sie an der Sonnenscheibe deutlicher sieht, als an einem Insekte, so ist sie darum nicht minder groß; nur ist das Auge zu kurzsichtig. Wer du immer dieselbe gern bewunderst, komm´, wir wollen uns in der Mitte einer Wiese niederlassen. Hier siehst du nach der gewöhnlichen Ansicht nur die unscheinbarsten Dinge, niedrige Kräuter, die du täglich mit Füßen trittst und verächtlich dem Viehe vorwirfst. Und dennoch, wenn du nicht blind bist, wie viel Stoff geben sie dir zum Erstaunen? Siehe, rings um dich her erheben sich tausend verschiedene Pflanzen. Alle saugen aus derselben Erde ihre Lebenskraft und eine jede behält indessen ihre eigene Gestalt, ihren besonderen Geschmack, ihre eigene Kraft; eine jede bringt ihren eigenen Samen, um rings um sich her ähnliche junge Pflänzchen zu verbreiten. Was geschmacklose Feuchtigkeit und toter Schlamm ist, wird hier durch eine geheime Kunst in hundert verschiedene Gestalten umgewandelt. Du siehst unter ihnen ganz verschiedene Wurzeln, Stengel, Blätter und Blumen und Früchte, du findest eine gänzliche Verschiedenheit an Gestalt, an Farbe, an Geruch und Geschmack. Wer kann alle Eigenschaften derselben bemerken! Und doch sind sie alle Kinder Einer Mutter. Dieselbe Erde erzeugt, trägt und nährt sie und zieht sie groß. Aber bei so großer Mannigfaltigkeit betrachte, wie jede Pflanze ihrer Natur getreu bleibt und nimmer ihre Grenzen überschreitet; nicht eine nimmt die Blüte einer anderen an, oder bekleidet sich mit ihrem Blatte, oder schmückt sich mit einer fremden Frucht. Obgleich vernunftlos folgen sie doch alle dem Gesetze, das sie unter einander abgesondert hat seit dem ersten Augenblicke, da sie aus dem Nichts hervorgingen.

Wo ist denn nun der Tor, der sich vermißt, die blinde Natur und das Ungefähr über den Thron der Gottheit zu erhöhen? Schau´ umher und betrachte, wie Ursache und Wirkung, wie Mittel und Zweck verbunden sind, wie alle Wesen von Einer Gattung in ihrem Wirken stets gleichförmig sind. Schau´ und bewundere eine hohe Intelligenz, die alles lenkt und umfaßt. Diese entwarf den Plan des Weltalls, sie stellte es so dar und leitet und ordnet es nach der ersten Idee. Du hältst den Menschen für ein vernunftbegabtes Wesen, weil er die Mittel, die zum Zwecke führen, zu verbinden weiß. Du hältst ihn für vernünftig, weil du siehst, wie er vorsichtig säet, wo er zu ernten gedenkt, wie er das Fußgestell einsenkt, wo er die Säule aufrichten will, und wie er sie da anbringt, wo das einsinkende Dach einer Stütze bedarf. Und du willst nicht glauben, daß eine höchste, einzige, allgemeine, unermeßliche, ewige Vernunft die große Kette von Ursachen und Wirkungen ineinander geflochten habe, die in unermeßlichen Umfange alles in eins schlingt und das Universum zusammenhält? Und du maßest dir töricht an, die Natur Schöpferin zu nennen? Welch ein ungeheurer Wahnsinn! Derjenige, welcher das Auge gebildet hat, schuf auch das Licht und die Farbe, und Licht und Farbe haben nach der Anordnung des höchsten Geistes einerlei Zweck mit dem Auge, sowie sie in der Natur einerlei Gebrauch gemeinschaft-

lich haben und zu einem und demselben Ziele hinwir-
ken. Derjenige, welcher den Menschen das Bedürfnis
nach Speise anerschaffen hat, schuf auch die ihm zusa-
genden Gewächse, und das Erdreich, das sie aufnimmt,
und die Sonne, die sie befruchtet, und der Regen, der sie
nährt, sind von ihm, und dienen dazu, die Reife derselben zu befördern. Wer macht, daß die leuchtende Sonne
uns umkreist und mit ihren erwärmenden Strahlen alles
belebt? Wer mäßigt so ihre Hitze, daß sie die Sterblichen
nicht aufreibt, sondern erquickt? Ist es vielleicht die
blinde Natur, die das schwächliche Leben der jungen
Tiere durch die zarte Pflege der Alten beschützt? Wer
hört die Stimme des blökenden Lämmleins und führt
ihm die Mutter zu, die es säugt? Wer zeigt dem Löwen
in der Wildnis seine Beute und führt ihn mit dieser
Beute zur Höhle der zarten Jungen? Wer lehrt den
Raben seinen Aufenthalt zu verändern? Wer ladet sie
Schwalbe beim Herannahen des kalten Winters zu
einem anderen Klima ein und wer zeigt ihr den Weg
über die Fluten des Meeres? Wenn die blinde Natur, der
blinde Zufall das Weltall gebildet haben, wer erhält denn
ihr Werk und bewahrt es in seinen alten Grenzen? Wer
macht, daß die Sonne immer dieselbe Bahn betritt, die
ihr von Urbeginn bezeichnet ist? Wer macht, daß die
Planeten sich nicht im Kreislaufe hindern, daß sie nicht
an die Fixsterne anstoßen, daß die Erde nicht zusam-
menstürzt, daß sich der regelmäßige Wechsel der Jahreszeiten nicht ändert, daß die Himmel nicht wanken, daß
keine Verwirrung entsteht zwischen Tag und Nacht?
Wer macht, daß der blinde Zufall nicht wieder das her-

vorbringt, was er nach Meinung des Atheisten früher schon hervorgebracht haben soll, daß die blinde Natur nicht täglich ihre Werke vervielfältigt, daß wir nicht mit jedem Tage neue Sonnen aus dem Schoße des Nichts aufsteigen und über uns hinschweben sehen, daß nicht neue Pflanzenarten das Erdreich bedecken und neue Tiergeschlechter, der Vorwelt unbekannt, die Wälder bevölkern, und Schlangen, Vögel und Fische erscheinen, wie früher keine gesehen wurden? Lassen wir diesen Unsinn! Entweder gibt es keinen Atheisten, oder er ist kein natürlicher Mensch. Es gibt unter den Menschen zuweilen Ungeheuer des Menschengeistes. Er hat nicht mehr seine natürliche Gestalt, die Spur der Vernunft, er ist dem Viehe ähnlich.

Aber laß uns wieder auf die Wiese zurückkehren. Eine zahlreiche Schar beflügelter Insekten bedeckt alles und flattert umher von einer Blume zur anderen, spielend oder gaukelnd? Welche Kunst gab diesen Würmchen ihre Flügel? Wer lehrte sie, dieselben schnell zu schwingen und sich darauf zu wiegen, bald in die Höhe zu steigen, bald wieder sich zu senken und ihren schnellen Flug bald hierhin, bald dorthin zu richten? Ewige Weisheit, schaffende Weisheit! Wer kann dich hier verkennen?

Aber eine süße Harmonie ertönt durch den Wald. Ich kenne den lieblichen Gesang der unschuldigen Bewohner der Gebüsche. Wie viele verschiedene Stimmen! Jede Familie hat ihre eigene Sprache, jedes Geschlecht seine eigene Melodie. Sie verstehen die Kunst, den Atem zu dämpfen, die Stimme zu beherrschen, die

Töne zu bemessen. Die höchste Weisheit ist ihre Lehrerin und Lenkerin. Sie folgen nur blind dem Triebe, den der Schöpfer ihnen gab.

Siehe, da kommen sie aus dem Gebüsche auf die Wiese herab. Der eine fliegt daher, der andere zurück. Der eine trägt in seinem Schnabel ein Grasstämmchen, der andere ein Insekt. Wie sie geschäftig sind die artigen Tierchen! Wie tätig und ernsthaft! Die einen bauen sich ihr Nest, die anderen versorgen ihre zarten Jungen mit Speise. Oh du ewige, bewunderungswürdige Weisheit!

Aber welches laute Geschrei, welche kreischenden Töne höre ich da! Ach, das ist nicht mehr Freudengesang, es sind Töne des Schreckens und des Schmerzes. Welch eine plötzliche Veränderung! Alle die armen Vöglein ergreifen eilig die Flucht. Was mag das bedeuten? Ach! Da seh´ ich in der Höhe den Sperber.

In weitem Kreise dreht er sich über dem Gebüsche und droht auf seine Beute herabzustürzen. Eine Schar von kleineren Vögeln sammelt sich um den Räuber mit unaufhörlichem Geschrei. Ich weiß nicht, ob sie ihn mehr reizen oder verjagen; ich weiß nicht recht, ob dieser unsichere Flug und dieses ängstliche Geschrei Furcht oder Mut ausdrückt. Arme Tierchen! Seid ihr vielleicht Väter oder Mütter und seid bekümmert um euere zarten Jungen? Fühlet auch ihr die ungestümen Regungen der Liebe, der Furcht? Wohnt auch in euerer unschuldigen Brust das süße Gefühl der Freude der Gatten, die Zärtlichkeit der Eltern? Wenn ich sah, wie ihr euch schützt und verteidigt gegen die räuberische Hand, die euch die Jungen stahl, so bemerkte ich, wie ihr

157

ängstlich um das bedrohte Nest einherflattert und schwankend zwischen Furcht und Mut bald auf den Räuber losstürztet, bald wieder euch entferntet, die Luft mit Klagen erfüllend. Ich sah, wie ihr um die Wette euch locktet und haufenweise hinfloget, wo eines von euch getötet oder verwundet und sterbend auf dem Boden lag; wie ihr um diesen geliebten Gegenstand herumfloget und ihn jedesmal mit den Flügeln berührtet, während die Umgegend von euerem Klageschrei ertönte. Wollet ihr dem Freunde zu Hilfe kommen? Riefet ihr andere zu Hilfe herbei? Weiß auch euer kleines Herz von Mitleid?

Aber der Sperber entflieht schon. Ewige Weisheit, warum störest du durch diese grausamen Räuber eine so unschuldige Freude, warum verbreitest du Schrecken unter diese friedlichen Waldbewohner? Daß doch die Sperber, die Falken, die Adler, die Geier … Was red´ ich, Törichter? Schweig´, blinder Sterblicher, und forsche nicht, was dir zu hoch ist. Die Ursache der Dinge ist verschlossen in der Brust desjenigen, der sie aus dem Nichts hervorgezogen und geordnet hat. Wer darf sich unterfangen, den Allmächtigen darüber zur Rede zur stellen? Es genüge dir, zu wissen, daß stets eine unendliche Gerechtigkeit und Güte seine Ratschlüsse leite. Du im Gefühl deiner Richtigkeit, bete ohne Unterlaß diese stets gerechten und heiligen Ratschlüsse an!

Solange der Mensch diese niedrige Erde bewohnt, ist er noch fern von dem Lande des Lichtes. Er findet sich hier in einem dunklen Lande, sieht nur einen Strahl von der ewigen Weisheit, der ihm den Weg dahin zeigt, wo er sie im vollen Glanze schaut. Genug, Pilger, wenn du den Weg weißt und ihn wandelst. Am ewigen Ziele angelangt wirst du schauen. Und gleichwie der Besitz des höchsten Gutes und die Fülle der Liebe dir dort zur Belohnung wird, weil du hienieden die unmäßigen Begierden deines Herzens bezähmt um dich vor Ausschweifungen bewahrt hast: so wird dich auch dort der Besitz der ewigen Weisheit und der ewigen Wahrheit dafür belohnen, daß du das unmäßige Streben deines Geistes in heiligen Schranken gehalten.

Aber Du magst die Geier und Sperber nicht leiden? So hüte Dich denn, daß Du nicht selbst einer werdest. Die Raubvögel folgen dem unschuldigen Triebe der Natur. Die Adler und Falken in Menschengestalt diejenigen, die das Laster dazu bildet, verdienen Abscheu und Strafe. Der strenge Spartaner flößte seinen Kindern die Mäßigkeit ein durch den häßlichen Anblick des entgegengesetzten Lasters, indem er ihnen seine betrunkenen Sklaven vorführte. Die göttliche Weisheit stellt dir eine große Tugendschule vor Augen in deinen Sklaven. Sie zeigt dir an den Tieren, über welche sie dir die Herrschaft gegeben hat, das deutliche Bild der Tugenden, womit du dich schmücken, und der Laster, die du fliehen sollst. Du siehst das eine sich im Kote wälzen und wendest unwillig deinen Blick davon weg. Da hast du ein Bild; denk daran! Weit unwürdiger noch handelt der Mensch, der sich im Schlamme niedriger Lüste wälzt. Du siehst, wem ein Geist, der geschaffen ist, um sich zu Gott zu erheben, gleicht. Ein gieriger Wolf fällt deine Herde an; der Fuchs schleicht sich verstohlen in deine Wohnung, um zu rauben. Ereifere dich nicht. Das sind nur Bilder von Verbrechern. Der räuberische Wolf, der verwünschte Fuchs ist der Mensch, welcher mit offener Gewalt, oder heimtückisch seinem Mitbruder Schaden tut oder nachstellt. Hüte dich, daß das verdammliche Verbrechen nicht auf dich falle. Der Rabe belästigt dich mit seinem widerlichen Krächzen. Lerne daraus, deine geschwätzige Zunge, das Werkzeug des Unverstandes, zu beherrschen. Schau´ hin auf das sanfte Lämmlein und lerne von ihm die Sanftmut; die reine Taube lehre dich die Unschuld kennen, das Hündlein, welches dankbar seinem Herrn schmeichelt … Ewiger Gott! In welchen kleinen Dingen stellst du unserem Blicke erhabene Gegenstände, hohe Tugenden vor! Wer kann vor dem großen Gesetzgeber seine böse Tat verteidigen! Sogar seine uns untergeordneten Geschöpfe lehren uns das, was er verbietet oder gebietet. Ein Hund beschämt den Undankbaren; ein Hund lehrt uns Erkenntlichkeit und Liebe gegen unseren Schöpfer! Mensch, erröte! Bist du deinem Gott so getreu, wie dieses Tier demjenigen, der es nährt? Du murrst und zürnst, wenn dein liebevoller Herr dich züchtigt, um deine tödlichen Wunden zu heilen. Der Hund leckt die Hand, die ihn schlägt, und unter der Rute seines zürnenden Herrn duckt er sich demütig zu seinen Füßen. Betrachte ihn und bändige deine Gott lästernde Sprache und die unheiligen Wünsche deines verkehrten Herzens, wodurch du den Himmel zur Rache aufforderst. Zur Ameise, du Fauler, zur Biene, du Träger, geh´ in die Schule! Sogar mitten in den Wäldern und auf den Fluren würdigt sich die ewige Weisheit, mit uns zu sprechen. Glücklich der Mensch, der überall auf ihre Worte horcht, die köstlicher sind als Gold und Edelgestein, und sie im Herzen bewahrt und zur Richtschnur seines Lebens macht!

Doch ins nahe Gebüsch ist die Ruhe wiedergekehrt. Laßt uns hineingehen, um das Treiben seiner Sänger näher zu beobachten. Laßt uns über den Bach gehen. Oh herrlicher Anblick! Sieh´ da wimmelt alles von Fischen. Wie munter und frisch! Mit Blitzesschnelle schießen sie in einem Augenblicke durch das Wasser hin und täuschen durch ihre schnelle Bewegung das kurzsichtige Auge des Beobachters. Wer hat sie zu solcher Schnelligkeit abgerichtet? Wer hat sie mit so gelenkigen Rudern versehen? Wie können sie leben in einem Elemente, wo jedes andere Tier erstickt? Wer versorgt sie da mit Nahrung? Ewig bewunderungswürdige Weisheit! Überall sehe, überall finde ich dich. Armer Hirt, der du beständig deine Herde weidest und deine Lämmlein fütterst; schlichter Landmann, der du kaum etwas mehr kennst als das Feld und die Wiese und deine niedrige Hütte, beneide nicht die hohe Weisheit des Gelehrten, der sich stolz verachtet. Um denjenigen zu finden, den du demütig und fromm anbetest, hast du nicht nötig, wie der Gelehrte, deine Nächte in anstrengenden Studien zu durchwachen, noch ihm zu folgen in verwickelten Rechnungen, um die Bahnen der Planeten zu messen, die Zeit ihres Umlaufs zu bestimmen und ihre Verfinsterungen vorherzusagen. In deiner niedrigen Umgebung kommt dir seine Weisheit entgegen. Wohin du dein Auge wendest, überall findest du sie. Sie ist dir stets zur

Seite, ruft Tag und Nacht, und will sich dir zu erkennen geben und hingeleiten zur Glückseligkeit.

Aber laß uns in das Gebüsch eintreten. Betrachten wir die Wohnungen der Sänger des Waldes. Dort sitzt ein Vogel und brütet noch; da sind schon zarte Vöglein. Oh, wie schön sind ihre Bettchen gebaut! Zuerst sind sie von außen bekleidet mit rauhen Halmen, darauf folgen immer sanftere Fäden von trockenen Kräutern und dann Federn und Haare und endlich eine weiche Wolle, von Bäumen gesammelt und berechnet für diese nackten und schwächlichen Geschöpfe. Wer zeigt doch diesen kleinen Künstlern das für ihren Bau geeignete Material? Wer lehrt sie Maß und Zeichnung? Wer gibt ihnen die Instrumente für ihren kleinen Bau? Und doch mit welcher Kunst wissen sie ihn auszuführen und zu befestigen! Der eine baut auf den Boden und birgt sein Nest unter dichtem Grase, der andere baut lieber in hohle Bäume, ein dritter sucht seine Sicherheit unter verflochtenen Ästen. Wer bestimmt ihnen die Zeit, da sie mit dem Neste anfangen sollen, damit es vollendet sei, wenn sie ihre Eier legen? Jede Art baut sich ihre Wohnung anders. Gibt es ein Gesetz, das jeder Art die eigene Form vorschreibt? Jede Art hat verschiedene Gestalt, eine besondere und eigene Bedeckung und eigenen Sinn. Aber sieh´, da kommt eine zärtliche Mutter, um ihre Jungen zu füttern! Unschuldiges Geschöpf! Wer lehrte dich die Kunst, deine Brut aufzubringen? Hüte dich, armes Geschöpf, vor hundert und hundert Speisen, die der Wald und die Wiese dir darbieten; du findest deren kaum zwei, die nicht Gift sind für dich und deine Jungen. Hüte dich, dieselben zu spät zu erquicken, wenn sie nicht vor Hunger umkommen sollen. Bedecke sie mit deinem Flaum; denn sie sind noch schwach; der nächtliche Tau kann sie töten … Ich Tor! Was kümmere ich mich? Es hat schon einer vorher für alles gesorgt. Alles dieses hat die weise Hand des Schöpfers unauslöschlich ihnen eingeprägt. Alles kennt seine Stimme, die allein alle Dinge hervorgebracht hat. Diese belehrt die vernunftlosen Geschöpfe und ihr gehorchen sie immer. Oh, wie sie jubeln beim Anblicke der Speise! Wie sie sich alle aufrichten und gierig die kleinen Schnäbel auftun! Wie geschickt ihnen die Mutter die Nahrung beizubringen weiß! Artiges Tierchen! Wie ist sie so klug, so aufmerksam, so treu ihrer Pflicht! Unendliche Weisheit, wie trefflich belehrst du diese deine Kreaturen! Warum belehrst du nicht ebenso den Menschen!

Ach! Seufzen wollen wir über unsere Verkehrtheit, nicht aber den Himmel beschimpfen durch strafbare Lästerung. Die göttliche Weisheit, die den vierfüßigen Tieren keine Flügel und den Fischen keine Federn gab, die alles nach seiner Natur leitet, lenkt auch den Menschen auf eine ihm angemessene Weise. Durch ihr edles Geschenk, Vernunft und freien Willen, stehen wir über den anderen Geschöpfen. Unser Vorzug besteht in der Tugend, und sollen unsere Handlungen Wert haben, so dürfen sie nicht aus dem Zwange hervorgehen. Darum redet uns Gott auf tausenderlei Weise zu und belehrt uns, aber nötigt uns nicht durch blinden Instinkt, wie das vernunftlose Vieh. Er ladet uns ein zu dem, was gerecht und ehrbar ist; aber er läßt uns dennoch stets freie Wahl.

Allein, wenn der Mensch sorglos seine Ohren verschließt vor der liebevollen Stimme, wenn er träge zurückbleibt, wenn er widerspenstig und verhärtet den Weg des Lasters wandelt, an wem liegt dann die Schuld? Was tut nicht die göttliche Weisheit, was hat sie nicht getan, um dieses ihr Geschöpf zu gewinnen! Himmel und Erde und das ganze Weltall geben Zeugnis von seiner liebevollen Fürsorge, womit er uns an sich lockt. Nachdem sie zu uns geredet durch die Natur und durch tausend Stimmen derjenigen, die uns ihren Willen verkündeten, sahen wir sie nicht selbst in Menschengestalt herabsteigen, uns alle um sich her zu versammeln und uns alle einzuführen in ihr seliges Reich? Hörte man nicht sie selber uns den Weg lehren, der dorthin führt? Ging sie nicht vor uns her als Führerin? Bis auf diese Stunde bleiben uns ihre Lehren. Auch hat sie eine getreue Lehrerin zur Bewahrung ihrer heilbringenden Aussprüche auf dieser Erde angeordnet. Auch jetzt noch erkennt man die Spur, die sich uns bezeichnet. Hier sind für immer die Schlüssel des Himmelreiches zu unserem Wohle niedergelegt. Hier hat sie uns auch Heilquellen zur Erquickung auf der Pilgerschaft geöffnet; hier hat sie für alle unsere Übel ein Heilmittel bereitet; hier hat sie uns das Mahl der Unsterblichkeit geschenkt! Törichter Sterblicher! Klage dich selbst deiner Torheit an. Nicht allein lehrt, pflegt und erquickt dich die unendliche Weisheit, sondern sie will sogar sich selbst dir zur Speise geben, um dich ganz in sie selbst zu verwandeln.

Zehnte Nacht

Die Weisheit Gottes im Reiche der Natur

A ber welch ein neuer Schauplatz der Wunder Gottes öffnet sich da vor mir! Um mich von meinem heiligen Schauder zu erholen, wollte ich den staunenden Gedanken von dem Reiche der Natur wegwenden, und sieh´ da, in der Nähe finde ich das unermeßliche Reich der Gnade. Wer kann sich in das unermeßliche Gebiet vertiefen, ohne sich zu verirren? Wer erblindet nicht vor dem hohen Glanze, der alles erfüllt. Ewige Weisheit, ich bete dich an auf deinem Throne; aber ich bebe vor dir zurück. Laß mich mein nichtiges Wesen vor dir verbergen. Und doch rufst du mich und ladest mich ein und willst, daß ich deine erstaunlichen Wunder schaue. Du willst, daß die Beschäftigung meines Lebens nicht allein darin bestehe, dich in deiner göttlichen Macht zu erkennen als Schöpfer und Urquell aller Dinge, die aus dem Nichts hervorgehend in den sechs Schöpfungstagen sich gestalteten, sondern auch in dem großen Werke, das eine neue Ordnung der Dinge herbeiführte. Wo soll ich beginnen? Von dem traurigen Ursprunge des menschlichen Elendes, da deine zürnende Gerechtigkeit über den gefallenen Menschen das Todesurteil sprach, während deine milde

Barmherzigkeit den großen Erlöser verhieß, der einst dem Urheber des Todes den Kopf zertreten sollte? Oder von der ehrwürdigen Höhle, wo ich den Erlöser in seiner Kindheit seine Leidensbahn zum Heile der Welt beginnen sehe? Wie viele Gegenstände häufen sich da auf einmal vor meinem Blicke! Ich sehe den Hügel Golgatha am hellen Tage mit schwarzem Gewölk umzogen, ich sehe, wie die erschrockene Sonne sich verfinstert, wie die Felsen sich spalten, ich sehe … Ewige Weisheit, du führst mich dorthin, wo der Menschengeist ohne höheres Licht blind ist und keinen Schritt tun kann. Du leitest meinen Weg.

Die Unschuld des Menschen war hienieden nur ein Schimmer, auf den ein tiefes Dunkel folgte. Wie der Engel im Himmel, so störte der Mensch auf Erden die schöne Harmonie, womit der unermeßliche Tor aller Geschöpfe seinen Urheber verherrlichte. Du trübe Nacht erinnerst mich an den kläglichen Zustand, in welchem sich das Menschengeschlecht nach der ersten Sünde des Stammvaters befand. Wenn die Sonne müde herabsinkt und im Schoße des Meeres oder hinter dem Schatten der Gebirge Ruhe sucht, dann schwinden mit ihr das schöne Licht und die Gestalten und Farben der Dinge. Ein düsterer Schleier umhüllt die Erde, und alles, was da lebt in Wald und Luft und Wasser, sinkt in die Arme des Schlafes. Greuliches Nachtgevögel kommt indes hervor aus zerfallenem Gemäuer, aus alten Schlössern und Städten und aus unwirtbaren Felsenklüften. Die Dunkelheit, welche die schlafende Natur bedeckt, ist ihr angenehmes Element, und das ist die Zeit ihrer heillosen Herrschaft. Kühn schwingen sie die Flügel durch die stille und dunkle Nacht und eilen hinterlistig nach Raub und Beute. Ihr Gesang ist nur ein klägliches Geheul, welches den Schrecken der stillen Nacht vergrößert und den armen Vöglein den Untergang verkündet.

So verbreitet sich dunkle Nacht über das Menschengeschlecht, nachdem die ewige Sonne, das Licht unseres Geistes, durch die Sünde des Stammvaters von ihm gewichen war. Schon kamen die zur ewigen Nacht verdammten Geister aus dem dunklen Kerker des Abgrundes und verbreiteten sich über die dunkle und unfreundliche Erde zu unserem Verderben. Der Ewige konnte sich fern von uns halten und uns hilflos als Schlachtopfer der Sünde, als Kinder des Todes verlassen; aber er wollte es nicht. Seine unendliche Güte im Bunde mit seiner hohen Weisheit bereitete das große Werk der Erlösung vor und ließ einen Strahl des Heils uns leuchten, bis er selbst erschien, um uns den Tag zu bringen und das Werk zu vollenden. Glaube, du warst die heilbringende Morgenröte, welche die Schatten des Todes aus der Welt verscheuchte. Du wandtest alsbald den Blick der armen Sterblichen nach dem Aufgange hin, wo die wohltätige Sonne erscheinen sollte, und die Sehnsucht nach ihr ersetzte ihnen ihre wirkliche Ankunft. Endlich erschien der große Erretter und das große Werk ward vollendet.

Dich bete ich an, heiliges Kreuz. Du bist den hartnäckigen Juden ein Ärgernis und den stolzen Heiden eine Torheit. Dank der großen Barmherzigkeit! In dir sehe ich ein Meer von Licht, in dem sich nicht nur die schwachen Sterblichen, sondern auch die erhabensten Geister, die den Thron des ewigen Königs umgeben, verlieren. In dir sehe ich die unendliche Barmherzigkeit und die Strenge, die Strafgerechtigkeit und die Vergebung, den Haß und die Liebe auf eine unaussprechliche Weise vereinigt: die Hoheit und die Niedrigkeit, die Unschuld und die Schuld, die Schmach und die Ehre und das größte aller Wunder, einen Gott in Menschengestalt!

Die Hoffart des Menschen war die Quelle aller unserer Übel; die Erniedrigung des Gottmenschen war das Heilmittel. Der erste Mensch wagte es, vermessen sich zu empören und der Gottheit den Gehorsam zu versagen. Der Erlöser als Beispiel der tiefsten Unterwürfigkeit und des Gehorsams erniedrigte sich und nahm Knechtsgestalt an und trug an seiner eigenen Person die Strafe dieses ungehorsamen Knechtes. Er gab sich selbst der Schmach hin und den Qualen, die jener verdient hatte, und brachte sich der beleidigten ewigen Majestät dar. Das Geschöpf ist wieder zurückgeführt in das rechte Verhältnis zu seinem Schöpfer, bestraft ist der Schuldige; aber bestraft in demjenigen, der sich unschuldig für ihn dem Tode preisgab. Getilgt ist die Schmach, die ein Erdenwurm dem Allmächtigen zugefügt; aber der sie tilgte, war dem Beleidigten gleich. Die Strafe der beleidigten Gottheit ist unendlich; aber größer ist die Genugtuung, als die Schuld. Viel größer ist der Gott, der da versöhnt, als der Mensch, der da sündigt; die Güte, die da vergibt, als die Schuld des Beleidigers. Glückliche

Schuld des alten Stammvaters, welche das Verderben über das Menschengeschlecht brachte, aber dadurch auch dem Gottmenschen Gelegenheit gab, uns das Heilmittel zu bringen. Sein Blut floß über die tödliche Wunde und brachte den Kranken nicht nur Gesundheit und Leben, sondern überhäufte sie auch mit unzähligen anderen Gütern.

Solange der Mensch im Paradiese unschuldig blieb, war er ein Gegenstand des göttlichen Wohlgefallens. Gott sah in ihm die Idee seines Geistes, sein Ebenbild und das Meisterwerk seiner Allmacht. Aber dadurch, daß der Erlöser ihn zu seiner Unschuld zurückgeführt, tritt er in einen neuen Rang, gehört Gott an mit höherem Recht und hat neue Ansprüche auf seine Liebe. Das göttliche Blut, durch welches er wiedergeboren wird, macht ihn zu einem himmlischen Wesen, zu einem Sohne des Allerhöchsten, zum Verwandten und Bruder seines ewigen Wortes, zum Freunde und Geliebten des heiligen Geistes, der mit dem Vater und dem Sohne eins ist. Aber der Mensch, kennt er auch seine Herrlichkeit?

Unselige Herrschaft der Sinnlichkeit, du verrätst und unterjochst ihn, ziehst ihn ab von Gedanken und Gesinnungen, die ihn, den Zögling des Himmels, beleben sollten. Wie wenn sich im Tale die Dünste zu weißem Nebel verdichten und dem Wanderer den Himmel, die Sonne und die übrigen Gegenstände, die bei heiterer Luft in weiter Entfernung ringsher gesehen werden, verhüllen: so wandelt derjenige in Finsternis, welcher in dem sumpfigen Klima der durch die bösen Geister verdunkelten und umwölkten Natur umherirrt. Er sieht nur die bekannten Gegenstände, die seinem Auge nahe liegen, und sein Geist, blind für höhere Dinge, läuft jenen nach. Erwache, oh Mensch, und erschwinge dich in reinere Regionen, erhebe dich in die heitere Luft über die Gipfel der Berge, steige auf Golgatha und du wirst sehen, wie alles, was du jetzt bewunderst und was dein Herz verführt, so tief unter dir liegt. Du wirst sehen, wie weit sich dein wahrer Horizont ausdehnt, welch eine reine Luft du einatmen sollst, welch ein schönes Licht dir leuchten soll.

In diesem Lande der Krankheit, worin du dich befindest, folgt jeder seinen aberwitzigen Träumereien. Die Wollust unter dem falschen Scheine von Glückseligkeit zieht einen unermeßlichen Schwarm betrogener Sterblichen nach sich. Das Haar bekränzt mit zarten Blumen, führt sie dieselben unter verführerischer Gestalt in anmutige Gegenden. Wo sie ihren Fuß hinsetzt, erscheint alles mit Rosen besäet. Die dichte Schar drängt sich heran und folgt unruhig ihren Schritten; aber die versteckten Dornen röten den Boden mit ihrem Blute, und hier erliegt einer ohnmächtig, der eine stürzt hier, der andere dort in Abgründe mit grünendem Rasen bedeckt. Ein anderer Haufe trägt in seinen Gesichtszügen das Bild der Sorgen. Ihm folgen die Nachtwachen, die vergeblichen Anstrengungen und der Betrug. Das Gold ist der tote Götze, den er anbetet und wodurch er einst glücklich zu werden hofft. Er sucht und spart und legt beiseite und häuft an für jenen Tag, den er sich noch fern träumt und der nie erscheint, weil der Tod ihm immer zuvorkommt und alles raubt. Einen anderen seh´

ich, der ängstlich bemüht ist, sich aus der Menge hervorzutun und sich glänzendes Ansehen in der menschlichen Gesellschaft zu verschaffen, und in einem Augenblicke vielleicht stürzt er hin, um sich mit dem Pöbel im Schoße des Grabes zu vermischen. Kurz, jeder macht sich zum nichtigen Ziele seiner Wünsche entweder die niedrige Lust, oder die Habsucht, oder was sonst seinem Stolze hienieden schmeichelt, und schließt sich elend aus von dem erhabenen Lose, wozu ihn der Himmel im anderen Leben beruft.

Die göttliche Weisheit kam aus Liebe zu uns, um unsere Lehrerin zu werden, um die Täuschung zu zerstreuen, die uns auf den Pfaden des Todes irren ließ, kam, um uns zur Glückseligkeit hinzuführen. Sie ward klein, um sich zu unserer Niedrigkeit herabzulassen. Um uns zu ihrer Nachfolge zu ermuntern, bekleidete sie sich mit unserem Fleische, und um uns in ihrem Beispiele eine bestimmte und deutliche Richtschnur zu geben, ward sie wie einer aus uns. Aber in dieser schlechten Hülle, die sie unsertwegen angenommen, wollte sie nicht verborgen bleiben. Ein jeder kann sie schauen. Nein, dazu bedarf es weder eines erhabenen Geistes, noch der griechischen Weltweisheit. Sie offenbart sich dem Ungelehrten, dem gemeinen Manne, und selbst die Sinne bestätigen uns ihre verborgene Größe. Durch sie erheben sich die schmachtenden Gichtkranken auf den gelähmten Gliedern, die Lahmen treten auf die früher unbrauchbaren Füße, die Blinden öffnen ihr Auge dem nie gesehenen Tageslichte, die Tauben hören und es löst sich die Zunge der Stummen, und sogar aus dem modernden Grabe kehren die Toten zurück, um eine neues Leben zu beginnen. Wenige Brote vermehren sich in ihrer Hand und werden tausend Hungrigen zur Sättigung; die Sturmwinde und die tobenden Wogen des Meeres vernehmen ihre Stimme und legen sich. Auf Einen Wink von ihr fliehen die Geister des Abgrundes und die ganze Natur gehorcht und dient ihr.

Du siehst sie, oh Mensch, du siehst die ewige Weisheit in sterblicher Hülle. So sei denn aufmerksam auf ihre Lehre und folge ihrer Spur. Blick´ hin auf diese Gottheit, die da Mensch wird und sichtbar auf dieser Erde erscheint. Sie geht einen eigenen Weg, fern von der Weisheit dieser Welt. Sie betritt gleich anfangs den ehrwürdigen Weg der Armut, der Erniedrigung und der Leiden. Die blinden Juden erwarteten, daß ihr Retter unter Jubelgeschrei und mit prächtigem Hofstaate, im Glanze des Thrones unter dem Getöse siegreicher Waffen und umgeben von zahlreichen Kriegsscharen gleich einem Cyrus, Gesostris und Alexander, im Triumphe prangend, auftreten würde. Er erschien auf dieser Erde still und verborgen durch den unbekannten Namen einer armen Jungfrau und eines Zimmermannes. Eine ganze Stadt hat für ihn keine Herberge. Eine armselige Hütte ist seine Geburtsstätte. Der Winter, die rauhe Luft und eine Wohnung ohne Schutz gegen die kalte Nacht bezeichnen die ersten Schritte seiner sterblichen Laufbahn. Er wächst auf, arm und unbekannt, geht umher und streut den Samen des ewigen Lebens wohltätig aus, begleitet von Mangel, von Mühseligkeit und Verachtung, Verleumdung und Schmach. Endlich am

Ziele seines Erdenwandels verläßt er uns und verläßt uns in Schmach gesättigt, von Schmerz aufgerieben.

Erwach´, oh Mensch, und lerne! Alle die hinfälligen Dinge dieses Lebens sind für ein unsterbliches Wesen nur Träume. Irdische Macht und Größe sind für uns nur stolze Armut. Der Mensch, der sie als das würdige Ziel seines Verlangens ansieht und ihnen nachjagt, würdigt sich herab und steigt vom Himmel, um unsere niedrigen Berge zu erklimmen, macht sich zum Wurme, um unter Würmern groß zu erscheinen. Der Reichtum ist Dunst, eine Blume, die nur einen Augenblick blüht und oft eine Giftpflanze; tödlich ist der Honig, den wir auf dieser Erde sammeln. Er ist eine Lockspeise und ein Fallstrick, der den unsterblichen Geist fesselt, der doch bestimmt ist für den Himmel und für höhere Genüsse. Der Mensch ist bestimmt für andere Güter, andere Freuden und für eine andere Größe. Sie sind über alles Sichtbare erhaben und ruhen im Schoße der Gottheit.

Aber wer leiht uns Flügel, daß wir uns bis dahin erschwingen, wer gibt uns Kraft zu so erhabenem Fluge? Eben diese Weisheit, die schon einmal vom Himmel herabstieg, um uns das Ziel zu entdecken und den Weg zu zeigen, den wir wandeln sollen. In jenem großen Werke ward sie eine Zeit lang unsere Lehrerin und gab uns Kraft und Beistand zur Vollendung desselben. Durch einen neuen und feierlichen Bund macht sie sich anheischig, uns beizustehen und durch ihre Kraft werden wir allmächtig. Auserwähltes Volk des Allerhöchsten, du sahest einst den Sinai bedeckt mit seiner Herrlichkeit. Dunkles Gewölk umhüllte denselben und

173

es blitzte und donnerte ohne Unterlaß. Du standest erschrocken am Fuße des Berges. Der Herr redete aus der Wolke, machte mit dir einen Bund und gab dir sein anbetungswürdiges Gesetz, auf steinernen Tafeln geschrieben. Du warst damals sein Volk und er war dein Gott.

Aber sieh´, von einer anderen Seite vernehme ich ein neues Getöse. Schon wird die Erde erschüttert und es erhebt sich ein brausender Sturmwind. Schon hat ein neuer Moses, nicht mehr ein bloßer Mensch, sondern teilhaftig der göttlichen Natur, mit dem Allmächtigen einen Bund errichtet auf einem anderen Berge, einen neuen Bund für ein zahlreiches Volk, nicht mehr besiegelt mit dem Blute der Böcke und Kälber, sondern mit seinem eigenen Blute. Die Apostel des Neuen Bundes warten nach göttlichem Befehle zu Jerusalem auf die Ankunft des heiligen Geistes. Schon ist die Stunde herangekommen, wo sie alle in dem geräumigen Saale versammelt ihre Herzen zum Himmel wenden. Sieh´, da steigt die Herrlichkeit des Allerhöchsten über sie herab. Der göttliche Geist kommt zu ihnen hernieder unter dem Brausen des Windes und gibt ihnen ein neues Gesetz, nicht mehr die steinernen Tafeln, sondern in die Herzen geschrieben. Schon bereitet er sich vor zur Verkündigung desselben. Feuerzungen kommen auf sie herab; Feuerzungen, daher reden sie zu dem Geiste und entzünden die Herzen. Schon hört man von ihnen fremde Mundarten, man hört sie in unbekannten Sprachen die Größe des Gottes aller Völker verkünden. Schon eilen zu Tausenden herbei Parther, Meder, Phrygier, Ägypter, Römer, und sie alle vernehmen in ihrer Landessprache das Gesetz des Gottes, der vom Himmel herabkam.

Ewige Weisheit! Wie sehr beschämst du den Stolz des Menschen! Eine kleine Zahl von ungelehrten und gewöhnlichen Menschen, nur mit der Angel und dem Netze bekannt, sind die Helden, welche die Welt unter dein höheres Joch beugen sollen, sind die Verkünder deines neuen Gesetzes, die Führer des neuen Volkes, das aus allen Nationen bestehen soll, die Werkzeuge deiner Großtaten, die Dolmetscher und Diener deines ewigen Willens. Töricht bist du, menschliche Weisheit, schwach du, menschliche Macht und alles, was sich auf euch stützt. Gott allein ist groß, ist allein weise uns stark, und groß und weise und stark ist derjenige, welcher seine eigene Armseligkeit erkennt, demütig zu seinen Füßen hinsinkt und von ihm ausgerüstet wird mit hoher Kraft. So befestigt sich das große Reich Gottes.

Göttliches Reich auf Erden, mit welch einem himmlischen Lichte bist du umgeben! Ich sehe die verflossenen Jahrhunderte alle aufmerksam auf dich schauen. Du brachtest ihnen das Licht des Tages. In dir seh' ich erfüllt die Vorbilder, welche die Gottheit unseren Vätern schon bekannt machte. In die seh' ich den erhabenen Thron des Höchsten und sein Zelt unter uns Sterblichen. In dir sehe ich das Paradies, worin der Mensch für den Himmel geboren wird. In dir sehe ich den himmlischen Adam, für uns ein Muster des Gehorsams gegen den Schöpfer, den Urheber und die Quelle der Gnade und des Heils. Er schläft ein und aus seiner offenen Seite bildet der Allmächtige diese höhere Braut, die als Mutter aller Lebenden ewiges Leben gibt. Da seh´ ich den Baum der Erkenntnis und des Lebens. Einst wollte der stolze Mensch seine Hand ausstrecken gegen das göttliche Verbot und er zog sich den Tod zu. Hier wird der Mensch durch Gottes Güte zum Genusse eingeladen, und durch den Genuß wird er des göttlichen Lebens und der göttlichen Erkenntnis teilhaftig. Hier ist das heilbringende Bad, wodurch der Mensch, der sich den Dienern des Himmels zeigt, von seinem Aussatze gereinigt wird. Hier das Opfer, welches für die Sünden des Volkes außerhalb der Tore dargebracht wird. Hier das Blut des Lammes, das vor dem Untergange bewahrt. Hier ist geöffnet der Vorhang zum Heiligtum des Tempels, das früher verhüllt war. Hier das reine, das vom Aufgang der Sonne bis zum Niedergange dem großen Namen des Herrn dargebracht wird. Hier geht das Gesetz von Sion aus und das Wort des Herrn von Jerusalem. Hier ist das Haus Gottes, erbaut von dem Könige der Weisheit und des Friedens, herrlicher als Salomos Tempel. Hier die heilige Bundeslade des ewigen Bundes. Hier das himmlische Manna, durch welches man unsterblich wird. Hier ist das ewige Priestertum, das Brot und der Wein, welches der königliche Priester Melchisedech dem Herrn darbringt.

Oh Brot, Oh Wein, in welchem die göttliche Weisheit die großen Wunder ihrer Macht zusammenfaßt und die Schätze ihrer Liebe gegen uns verbirgt, können wir auf Erden etwas Größeres verlangen, als was du uns im Himmel eröffnest? In dir ist verborgen, der das ganze

Weltall mit seiner Herrlichkeit erfüllt und die Bewohner des himmlischen Jerusalem beglückt. Also ein Gott, der um unsertwillen hernieder kam und Mensch ward, ein Gott, der durch seinen Tod uns Heil und Leben brachte in seinem Blute, gibt sich jetzt unter einer niedrigen Hülle uns zur Speise? Großer Gott! Da ergreift mich Staunen und bringt mich außer Fassung. Oh Nacht! Die du einst den Erlöser der Welt mit seinen Jüngern am Tische sahest, als er zum Vater zurückkehren wollte; die du sahest, wie er die letzten Augenblicke seines sterblichen Lebens mit dem anbetungswürdigen Geschenke bezeichnete, das alle Gaben übertrifft, oh ewig denkwürdige Nacht! Durch dieses heilige Geschenk tragen wir den Keim der Unsterblichkeit in uns, besitzen den Preis und das Unterpfand der ewigen Erbschaft, besitzen den Urheber und die Quelle der Glückseligkeit, tragen in unserem Busen denjenigen, der diese weite Welt umfaßt, den allmächtigen und unendlichen Gott. Komm'! Oh Mensch, und erkenne, zu welch einer Größe dich Gott erheben will. Du kannst sie ermessen aus der tiefen Erniedrigung, zu der er sich um deinetwillen herabgelassen hat. Betrachte dieses Wunder und aus dessen Größe schließe auf den Endzweck. Wer öffnet mir die Himmel, damit ich dort die Majestät des Menschen bewundere! Wer enthüllt mir auch nur zum Teil die Größe dieses Wesens, das dorthin verpflanzt wird! Du Kind des Allerhöchsten, teilhaftig der göttlichen Natur! Vergiß deine Abkunft und dein Geschlecht mit seinen niedrigen Wünschen. Schließ dich an deinem neuen göttlichen Erzeuger, lebe seiner würdig, werde ihm ähnlich, folge ihm nach und rüste dich mit seinem Geiste. Verschmähe die Erde und erhebe dein Herz zum Himmel und lebe für jene Seligkeit, die dich dort erwartet; lebe für jenes Reich, wo Derjenige, welcher jetzt unter den Gestalten des Brotes und des Weines aus Liebe zu dir sich verbirgt, als Gott der Herrlichkeit sich offenbaren wird, und wo die Kreatur, nach seinem Bilde geschaffen, hienieden dem Erdenwurme gleich, den Besitz der hohen Kindschaft erlangen wird.

Ewiger Gott! Ich habe dich betrachtet und angebetet im Schatten der niedrigen Wohnung des Naturreiches; betrachtet hab´ ich dich im geheimnisvollen Reiche der Gnade. Wie groß erscheinst du da! Ha, was wirst du mir erst sein im Reiche der Herrlichkeit!

Elfte Nacht

Die Weisheit des Menschen

Also tot seid ihr, Cäsar, Alexander, Hannibal und ihr Scipionen! Wir wissen, daß ihr einst waret; aber wir sehen euch nicht mehr. Hasdrubal, Metellus, Leonidas, Sesostris, auch euch hat der Tod dahingestreckt. Keine Tapferkeit, keine Stärke konnte euch vor ihm schützen. Themistokles, Miltiades, Epaminondas, auch ihr seid von hier verschwunden. Einst war auf Erden viele Gerede von euch, aber ihr seid nicht mehr. Ach, wie doch alles sein Ende hat, wie doch alles unter dem Himmel so unbeständig und wandelbar ist! So fällt im Herbst der Schmuck des Waldes, und der Schäfer findet sich unter freiem Himmel, wo er in den schwülen Tagen des Sommers im kühlen Schatten sein fröhliches Lied sang. Wir sind nicht in unserer Heimat. Die Erde ist eine Herberge, wo täglich neue Gäste ankommen, die nur kurze Zeit verweilen, und dann wieder abreisen und nie mehr zurückkehren. Aber hat euer glänzender Name, euere Macht, euer Ruhm euch dorthin begleitet, wo ihr jetzt seid? Ach, wie ganz verschieden ist die Gesinnung in jenem großen Lande von dem Urteile der Erdbewohner, wie ganz anders die Wagschale, worauf man den Wert der Dinge abwägt! Auf dem wilden Eilande, das wir jetzt bewohnen, ist die gangbare Münze Ton; wo wir hinkommen sollen, gilt nur das Gold. Dennoch sehe ich die ganze Welt beschäftigt, diese schlechte Münze, die uns nur auf wenige Augenblicken bereichern kann, zu sammeln. Sieh´, wie die Sterblichen sich stoßen und drängen und zertreten und wetteifern, dieselbe anzuhäufen. Unter Hunderten finde ich kaum Einen, der sich einsam dem wühlenden Haufen entzieht und nicht zu achten scheint, wonach die übrigen trachten; kaum Einen, der nur das Notdürftigste für seinen kurzen Aufenthalt sucht, der, verschmähend den Ton, den die meisten so hoch schätzen, darauf bedacht ist, wie er aus dem Sande der öden Küste das wenig bekannte und verachtete Gold auflesen möge. Der große Haufe verlacht ihn, nennt ihn einen Toren. Aber es kommt unterdessen die Zeit der Abreise. Jeder läuft mit den gesammelten Schätzen dem Schiffe zu. Mit einem Windstoß befindet sich dasselbe am Ufer eines unermeßlichen Landes, ohne Hoffnung der Rückkehr. Jeder bringt ans Land, was er mitgebracht. Seltsame Veränderung! Der früher Verlachte ist hier reich und die anderen wechseln ihren Stand und werden hier Bettler.

Törichte Weisheit der Erdensöhne, die du die Sorgen eines unsterblichen Wesens an ein flüchtiges Leben fesselst, sieh´, dort wird dir die Larve abgezogen. Am fernen Gestade, wenn du nicht mehr entrinnen kannst, erwartet dich die Ewigkeit! Dort wird sie dir die blinden Augen öffnen, dort wirst du genötigt, dich selbst zu verdammen zu einem Wehklagen ohne Ende über dein rettungsloses Elend.

Oh du, der du dich Tag und Nacht quälest mit dem Gedanken, dir Schätze zu sammeln, komm´ mit mir ans Ufer des Meeres, das dir in seiner unbeständigen Bewegung, in seinen Stürmen, Klippen und Schiffbrüchen ein Bild dieses elenden Lebens darbietet. Schau´ dieses Fahrzeug, das stolz und mit vollen Segeln dahineilt! Nach wenigen Augenblicken ist es schon in weiter Ferne und das Auge kann es nicht mehr unterscheiden. Zeige mir nun auf der Oberfläche des Wassers die Bahn, die es einhielt, und die Spuren, die es zurückließ. Die Woge, die sich vor ihm teilte, schließt sich in demselben Augenblicke hinter ihm und es bleibt keine Spur seiner Durchfahrt. So werden einst die Reichtümer, die du anbetest, vorübergehen. Sehen wirst du die Stunde, da alles für die Sterblichen ein Ende nimmt, und da du verlassen mußt, was du jetzt besitzest. Nackt wirst du ins Land der Ewigkeit versetzt; was nutzt dir da das Geld, welches nun nicht mehr dein ist? Was hilft dir die Ehre, wonach du jetzt so gierig trachtest, wenn der kalte Tod deine Sinne für die Schmeicheleien des Menschenlobes gefühllos macht? Zügelloser Jüngling, der du mit sträflichem Lohn die weisen Ermahnungen des zürnenden Lehrers aufnimmst, laufe nur unsinnig die Bahn dieses Lasters, bald wirst du fallen, ein Opfer des Todes, ein Raub der Verwesung. Sowie die Nacht des Grabes herannaht, werden die schlüpfrigen Freuden, denen du deine Unschuld verkauftest, auf ewig von dir fliehen, gleich falschen Freunden, die im Unglücke denjenigen schnell verlassen, den sie in den Tagen des Glückes verderben halfen. Armut, Verlassenheit, Gewissensbisse werden statt ihrer deine Begleiter sein. Du wirst nichts mehr finden, als grenzenloses Elend.

Oh ihr Menschen, welch ein unerkannter Irrtum blendet euch! Ihr lauft lockenden Truggestalten nach, die euch in einen schauerlichen Abgrund führen! Euere Freude ist Irrtum, euer Lachen ein Traum, der sich in Wehklagen endigt. Nichts von allem, was euch hienieden ergötzt, könnt ihr in die Ewigkeit mitnehmen, die euch so nahe ist. Eine undurchdringliche Zwischenwand wird jedes flüchtige Gut, wodurch jetzt euer Herz an die Erde geheftet ist, von euch trennen. Oh so wendet denn anderswohin euere klugen Sorgen und bereitet euch dort einen würdigen Aufenthalt, wo ihr ewig wohnen sollt.

Hinfällig sind wir alle und hinfällig ist alles, was uns auf Erden umgibt. Die großartigsten Unternehmungen der menschlichen Macht sind Gebäude, die wie Eis an der Sonne zerfallen. Die Zeit zertrümmert sie und verwischt ihren Namen. Den Königreichen sind ebensowohl ihre Jahre gezählt als den Menschenkindern, und im Buche des Ewigen ist der Untergang der Reiche und der Könige aufgezeichnet. Theben, die berühmte Zierde von Ägypten, liegt im Schutt begraben mit ihren hundert Toren. Gesunken ist die stolze Rinive, um sich nimmermehr zu erheben, seit jenem Tage des Untergangs, den die Seher Gottes vorhergesagt. Jetzt ist sie nurmehr eine Einöde, ein schauerlicher Aufenthalt von wilden Tieren und Nachtvögeln. Und du, übermütige Babylon, die du bei deinen hohen Mauern und deinem gewaltigen Strome dir ewige Dauer versprachst, auch du bist gefallen und schläfst in tiefer Vergessenheit. Vorüber ist die

Herrlichkeit der großen Könige Ägyptens, das Reich der Assyrer ist wie Rauch verschwunden, zerbrochen ist der Zepter der Meder und Perser und in Staub zerfallen der Thron der Makedonier, der Eroberer von Asien. Zu schwach ist der Sterblichen Mühe, den Jahren Einhalt zu tun. Sie führen im Kreislauf jene unerwarteten Begebenheiten herbei, welche die Gestalt der Erde verändern. Alles unter der Sonne beugt sich unter ihrer Gewalt. Vergebens bemühen wir uns, unserer Herrschaft Festigkeit und ewige Dauer zu verschaffen und dem Strome der irdischen Unbeständigkeit unüberwindliche Dämme entgegenzusetzen. Wenn unser Werk den Gipfel der Größe erreicht hat und jeder mit Bewunderung ausruft, es sei vollendet, dann löst sich das Ganze auf und erschüttert durch plötzlichen Einsturz die ganze Erde.

Oh ihr Berge Siziliens, die der nächtliche Schimmer mir von ferne zeigt, welch eine Menge von Erinnerungen führt ihr meinem Geiste vor! Wie viele Begebenheiten bringt ihr mir ins Andenken, die unter der Asche früherer Generationen begraben sind! Mein Geist fühlt sich in vergangene Jahrhunderte versetzt. Schon segle ich vorüber an den Küsten Siziliens, den sizilianischen Gefilden, so oft der Schauplatz blutiger Auftritte. Hier sehe ich die Afrikaner im Kampfe mit den sizilischen Scharen, dort mit denen von Epirus und hier mit den Adlern von Rom. Jede Gegend, jedes Gestade ertönt, nach Verschiedenheit der Zeiten, von einheimischen oder fremden Waffen. Ich sehe den Hamilkar bei Himera fallen, besiegt durch die Waffen der Syrakuser, und das ganze Schlachtfeld mit Leichen bedeckt. Ich sehe, wie sich das Feuer mit Blitzesschnelle über seine Flotte ausdehnt, sich der tausend Schiffe bemächtigt, die das Meer mit einer schwarzen Wolke von Rauch und Asche bedecken. Ich sehe Selinut und Himera von einem anderen Heerführer erobert und mit Bürgerblut überschwemmt. Ich sehe ihre Mauern zertrümmert, der Erde gleich gemacht. Ich sehe Gela und Agrigent erobert und zerstört durch die Waffen der Ausländer, und auf den Türmen von Motia sehe ich bald die syrakusischen, bald die punischen Fahnen wehen. Trapana, Syrakus, die Ufer des Crimesa, Eunomum und Lilibeum mit vielen anderen Städten und Gestaden, und selbst das Meer, welches sie umgibt, wimmeln von Kriegern. Hier eilen die Landtruppen in den Kampf, dort treffen die Flotten aufeinander. Hier bedeckt ein dichter Staub das Feld und die Erde zittert unter der Bewegung und den Stößen derjenigen, die da angreifen, oder sich verteidigend zurückziehen. Der blutige Schaum bedeckt zwischen den kämpfenden Schiffen das brausende Meer. Ich sehe die Kampfeslust der Feldherren, sehe den Mut der Kämpfenden, höre das Feldgeschrei, das sie zum Streite entflammt. Überall Mut, Verwegenheit und wilde Kampfeslust. Selbst der Tod verliert seine schauerliche Gestalt. Hoch über den Scharen schwingt sich der Ruhm, der sie anlockt und dem Blute und den Wunden und selbst dem Tode Schönheit verleiht. Erhabenes Schauspiel! Aber ein Schauspiel, das da war und das die Zeit gleich dem Nebel von dem Winde verwehte und das in der grenzenlosen Zukunft nimmermehr wiederkehrt. Land der Ewigkeit, uferloses Land, du allein umfassest, was dauerhaft und groß ist; wer seine Größe nicht auf dich baut, der arbeitet vergebens und bereitet sich seinen Untergang; wer nicht in dir seine Glückseligkeit sucht, der fällt dem endlosen Elende anheim.

Alles hienieden erschallt von dem Namen der Weisheit; aber wo ist der wahre Weise, der sie vollkommen begreift? In kühnem Fluge sich erheben, um die Bewegung der himmlischen Sphären zu berechnen, die auf der Erde zerstreuten Völker, ihre Sprache, ihre Gebräuche, ihren mannigfaltigen Charakter, die Beschaffenheit der verschiedenen Klimate kennen, vertraut sein mit den geheimen Kräften der Elemente, eindringen in die Geheimnisse der Natur und die verborgenen Ursachen ihrer wunderbaren Wirkungen ergründen, das nennt man hienieden Weisheit! Betrogene Sterbliche! Alles dieses Wissen , befreit uns aber nicht von der Torheit. Hoch, wie der Himmel über der Erde ist, erhebt sich die wahre Weisheit über jedes andere Wissen. Sie herrscht als Königin über dieses und führt und lenkt dasselbe zu jenem erhabenen Ziele, zu dem sie allein die Menschen hinführen kann. Sie schreibt uns alles vor, was uns zum einzigen Ziele unseres Daseins – zur Gottähnlichkeit verhilft. Sie bewahrt uns vor allem, was dazu nicht dient, oder gar hinderlich ist; ohne sie ist Kunst und Wissenschaft eitel und die Gelehrsamkeit unfruchtbar, nur von hinfälligem Laube strotzend. Du allein, milde Weisheit, leitest uns bei der großen Wahl, von der unser ewiges Verderben oder unsere ewige Glückseligkeit abhängt. Weisheit, du heiteres Licht von Gott, hehrer Abglanz der ewigen Klarheit, reiner Strahl des heiligen Urlichtes, du verbannest von dem Menschen die Täuschung der Sinne, du führest ihn in das Heiligtum der ewigen Wahrheit und durch die unfehlbare Lehrerin und weise Ratgeberin – Ewigkeit – lehrest du uns, das Himmlische und Irdische richtig schätzen und den Wert der Dinge beurteilen.

Der Mensch ward aus dem Nichts hervorgerufen, damit er nach einem kurzen Aufenthalte in der Verbannung sich mit Gott vereinige. Wo er sich immer hinwenden mag, wenn er nicht nach seinem hohen Ziele strebt, so ist die Torheit seine Führerin und stürzt ihn ins Verderben. Was er immer zu einem anderen Zwecke unternimmt, führt ihn auf Irrwege und Abgründe.

Auf der Reise dieses Lebens ist die Weisheit das Gestirn, welches uns die Gegend entdeckt, wohin wir streben sollen, und uns den Weg zeigt, der dorthin führt und den uns Gottes Gesetz bezeichnet hat. Die Weisheit schmückt den Menschen mit himmlischen Tugenden und sammelt ihm köstliche Schätze dort, wo weder Motte noch Rost sie zernagen. Der Weise eilt seinem hohen Ziele entgegen, während der Faden seiner Tage abläuft. Alles, was er tut, bringt ihn diesem Ziele näher, während der Tor blindlings seinen Begierden nachjagt, immer sich abmüht und doch nicht voranrückt, je weiter er geht, desto tiefer verliert er sich in das dunkle Labyrinth, bis er kraftlos hinsinkt, um sich nicht mehr zu erheben.

Gott und der Mensch, das sind die zwei großen Gegenstände der wahren Weisheit. Den Menschen zu

Gott führen, das ist ihr großes Werk. Die Weisheit lehrt uns, Gott und uns selbst zu erkennen. Bei ihrem Lichte sieht der Mensch seine wahre Gestalt, seine Pflichten, seine Bestimmung und bemüht sich, die Züge des göttlichen Ebenbildes an sich vollkommener darzustellen.

Ebenderselbe, welcher unter den Pflanzen eine so große Mannigfaltigkeit hervorbrachte, hat auch die Menschen in verschiedene Stände abgesondert. Jeder bedarf in seiner Lage seine besonderen Kenntnisse, jeder hat auf der Erde seine eigenen Beschäftigungen nach der Stufe, die er in der menschlichen Familie einnimmt. Aber das große Geschäft, dem alle anderen untergeordnet sind, besteht darin, daß wir uns der Gottheit würdig machen. Dieses ist unter den verschiedenen Pflichten die gemeinschaftliche, allgemeine, dieses ist das Ziel und die Frucht all unserer Anstrengung. Dieses gewonnen, so werden wir vollkommen glückselig, dieses verloren, so ist alles ohne Rettung verloren. Als Pilger zum himmlischen Vaterlande eilen wir durch das Leben, dem Wanderer gleich, der nur einen Tag in der Herberge weilt, und jeder hat seine Pflichten gegen den Mitpilger. Aber die erste Pflicht ist, daß wir pilgern und uns da nicht aufhalten, wo wir nur durchwandern sollen, daß wir immer forteilen auf dem rechten Wege zu dem vorgesteckten Ziele. Untertan, Bürger, Krieger, Bruder, Freund, Vater, Gatte, sind bloß Namen, die in diesem fremden Lande gelten. Mensch ist unser ewiger Name, unserem Wesen anklebend und unzertrennlich von ihm. Der Name M e n s c h bezeichnet ein Wesen, das aus der Hand Gottes hervorging, um wiederzukehren zu

Gott, gebildet nach dem erhabenen Bilde der Gottheit, weil er ihr allein angehört und geweiht, weil er ihr Erbteil, ihr Untertan und ihr Kind ist. Von Adam haben wir das Kleid der Niedrigkeit, das wir hienieden tragen, unser ganzes Wesen aber von dem Allmächtigen. Wir bilden auf Erden nur eine Wanderfamilie, der wir angehören; aber diese Familie ist nur ein Teil der unermeßlichen Familie des ewigen Herrschers. Der hohe Ruf, der an alle ergeht, ist, daß wir im Himmel zusammenkommen sollen. Was immer den Menschen auf dem Wege aufhalten mag, wenn er nicht dort ankommt, so ist er ein Überläufer, widerspenstig gegen seinen Herrn und wird auf seiner Flucht selbst die Strafe seiner Treulosigkeit finden.

Oh, wie erhaben ist der Mensch, der sich von der wahren Weisheit leiten und beherrschen läßt! Er schimmert von göttlichem Glanze und die ganze Erde ist seiner nicht wert, er gehört dem Himmel an. Seine Herrlichkeit beginnt da, wo die des irdischen Menschen endet. Es verstummt das Lob der Götzen dieser Welt, des eitlen Weisen, des Kriegers und des gefürchteten Eroberers. Aber das Lob des wahren Weisen lebt ewig. In wenigen Augenblicken zerfällt die ganze Glückseligkeit, die der Mensch sich hienieden erworben. Aber jene Glückseligkeit, die der wahrhaft Weise in diesem Leben sich jenseits bereitet, unterliegt keinem Wechsel. Torheit ist es also, sich vergängliche Schätze zu sammeln; Torheit ist es, sich dort erheben, wo alles dem Tode unterworfen ist, und seinen Geist mit einer Wissenschaft anfüllen, die da aufbläht und uns nicht erhebt zu den

ewigen Wohnungen. Torheit ist es, nach Wollust streben, die bald in ewige Bitterkeit verwandelt wird. Alles
ist Torheit, außer mit Geist und Herz dem höchsten
Gute anhangen und Tag und Nacht mit ihm beschäftigt
sein.

Zwölfte Nacht

Die Rechte der Menschheit

Die Nächstenliebe

Was dem Tier der Instinkt, ist dem Menschen die Vernunft. Jener führt die vernunftlosen Tiere nach dem Willen der Natur, welches auch der Wille des Schöpfers ist. Diese entdeckt dem Menschen das ewige Gesetz desselben Herrn, welches ihm einen Wirkungskreis anweist, der seinem Wesen angemessen ist, auf daß er denselben mit Kenntnis und freiem Willen ausfülle. Gleichwie das vernunftlose Tier stets dem Naturtriebe folgt, so sollte der Mensch in all seinem Tun getreu der Vernunft folgen. Aber wo ist der Mensch, welcher hierin das leistet, was er sollte? Ein Fehler, der uns körperlich entstellt, wird wie ein Schandfleck angesehen. Ach, wenn die Gestalt des Geistes sichtbar wäre, so würde man mit weit größerem Abscheu den Menschen ansehen, der vernunftwidrig handelt. Wer träge in der Ungewißheit seiner Pflichten hinschläft, ist er nicht ein Blinder, der bei jedem Schritte anstößt und schmerzliche Wunden davonträgt? Wer sich von seinen Leidenschaften beherrschen läßt, ist er nicht ein Wahnsinniger, der im Anfalle der Raserei handelt? Und wer seine Wünsche nach dem Laster richtet, was wird der anders als ein häßliches Ungeheuer, halb Mensch, halb Vieh, ein unsterblicher Geist mit tierisch-wilden Sitten, Gottes Ebenbild mit viehischen Neigungen? Daß wir der Wissenschaft und der Vernunft fähig sind, ist nur erst der Anfang der Größe und kann durch unsere Schuld sich in Schmach verwandeln. Darin besteht unsere Würde, daß wir unserer Bestimmung gemäß leben. Was nützt es, daß der Himmel uns die Wahrheit vor Augen gestellt und die himmlische Schönheit und Tugend vor unseren Blicken enthüllt hat, wenn wir gefühllos und kalt gegen ihre Schönheit unsere Schritte anderswohin lenken? Was nützen uns die hohen Gaben, womit er uns auszeichnete, wenn wir durch sträfliche Niederträchtigkeit denselben entsagen oder sie mißbrauchen zu Werkzeugen sündhafter Absichten? Ach, dann wäre es wohl besser für uns, vernunftlos sein von Natur, als durch Schuld und Verbrechen. Aus weiser Absicht versagte der Schöpfer den Tieren die Klugheit und Geschicklichkeit des Menschen. Sie würden sonst eine gar zu furchtbare Geißel für uns sein. Aber was der Schöpfer aus Liebe zu den Menschen nicht tat, das tut der Mensch durch eigene Schuld und Bosheit. Was sind die Bösewichte anders als eben so viele wilde Tiere mit der Geschicklichkeit des Menschen? Die Bären und Tiger in den Wäldern sind unschädlich in Vergleich mit diesen, die in der menschlichen Familie wohnen und in Menschengestalt die Erde verwüsten. Die Raubtiere sind bewaffnet mit Hauzähnen und Krallen, und werden nur dann gereizt,

Schaden zu stiften, wenn sie sich selbst verteidigen, oder ihren Hunger stillen wollen. Sie lieben ihr eigenes Geschlecht und vergießen nicht das Blut von ihresgleichen. Ein Mensch ist des anderen Wolf und zerreißt seinen Bruder. Den Verstand, der ihm gegeben ist, um auf Erden das lebendige Ebenbild der unendlichen Güte zu sein, wendet er oft nur dazu an, seinesgleichen grausam zu behandeln. Aus dem Schoße der Felsen zieht er das Eisen hervor und schmiedet daraus die Werkzeuge des Todes für seine Mitmenschen. Wo die Stärke nicht ausreicht, bei seinen schrecklichen Unternehmungen, da ruft er die Kunst zur Hilfe. Er weiß mit süßer Speise seinem Mitmenschen heimlich den Tod einzuimpfen. Er weiß ihn mit der Lockspeise geheuchelter Freundschaft in die Schlinge zu locken, die er ihm selbst gelegt. Er versteht mit täuschenden Blumen dem unglücklichen Schlachtopfer seines Hasses den Dolch zu bedecken, die Grube zu verbergen, die er ihm unter seinen Füßen gräbt. Menschheit, Verwandtschaft, Freundschaft, süße Namen, heilige Bande, was seid ihr dem verwilderten Menschen? Der Grausame tritt alles unter seine Füße. Flieh´, unglücklicher Vater, verbirg dich, schütz deine letzten Lebenstage, die dem undankbaren Sohne zu lange dauern. Flieh´, oh Mensch, vor deinem geizigen Bruder. Und du, gutmütige Braut, hüte dich vor der Hand, die dir ewige Treue geschworen. Unter Liebkosungen bereitet sie dir Gift. Sohn, hüte dich vor der argen Mutter, Gatte vor deiner Gattin, Mensch vor deinesgleichen. Es gibt Leoparden und Löwen in Menschengestalt. Fliehe! Oh siehe den Aufenthalt der Menschen. Sieh´, da tritt, oh Gott, die Zwietracht auf in scheußlicher Gestalt, das Haar durchflochten mit Nattern und Schlangen. Sie heult und tobt und schwingt die schwarze Fackel und entzündet ein verheerendes Feuer. Da erscheint der wütende Zorn, der Haß und die Rachsucht, bewaffnet mit bluttriefenden Dolchen. Da tritt auf der schielende Neid, sich selbst zerfleischend, mit Stricken und Gift in der Hand, aber schleicht heimlich und unbemerkt umher und erfüllt die Luft mit seinem tödlichen Hauche, der neue Verbrechen ausbrütet. Ihnen folgt auf dem Fuße nach heimlicher Verrat, verborgene Nachstellung und endlich der Tod. Ha! Wie viele scheußliche Ungeheuer ach, es scheint, als hätte die Hölle ihre Tore geöffnet und sich ganz über die Erde ergossen. Aber welch ein entsetzliches Getöse betäubt meine Ohren und zieht den erstaunten Blick auf andere Gefilde, mit Staubwolken bedeckt? Oh des Jammers! Siehe da friedliche Provinzen in voller Aufruhr, ganze Nationen auf der Flucht begriffen, Felder bedeckt mit Erschlagenen, Städte, worin das Menschenblut in Strömen fließt, schwache Greise mit Säuglingen gemordet, verzweifelte Mütter , trostlose Bräute, alles voll Schrecken und Wehklagen! Schauerlich! Sieh´, da kommt der Räuber von Königreichen, der Völkermörder, der stolze Eroberer. Gleich der schwarzen Gewitterwolke bringt er Verderben, wo er vorüberzieht. Vor ihm her geht der Schrecken, ihm zur Seite Tod und Verderben. Mit eherner Stirne spornt er das schnaubende Roß über die warmen Leichname und diese mit seinen eisernen Füßen zertritt schonungslos der Sterbenden Angesicht und die halb erloschenen Augen, die noch zum letzten Male um Erbarmen flehen, und zertritt gewaltsam die blutbedeckte Brust, daß die Seele entflieht. Sieh´, er triumphiert, während ringsumher unter tausend Schwertern die Schlachtopfer seiner Grausamkeit fallen, und seine Freude ist umso größer, je größer die Zahl derjenigen ist, die das Land, das er so unglücklich macht dem frühen Tode liefert. Scheusal, was suchst du mit dem Dolche in der Hand in den offenen Seiten und den zerrissenen Eingeweiden deiner Brüder? Wohl versteh´ ich dich, du suchst Gold oder Ruhm. Du wärst also der Mann, dem die Welt den Namen eines Helden gibt, den sie mit Lobsprüchen überhäuft und bis zu den Sternen erhebt? Oh Sonne, die du die Erde erleuchtest, und du Mond, dessen Strahlen das nächtliche Dunkel mildern, verberget euer Licht. Verhüllt euch lieber in ewige Nacht, als daß ihr so schwarze Schandtaten beleuchtet. Und doch, oh Himmel, ist dies das Geschöpf, welches mit Vernunft begabt aus der Hand des Höchsten hervorging!

Oh Mensch, nicht die Natur, sondern deinen bösen Willen sollst du anklagen über deine Verbrechen. Die Natur gab dir ein Herz zur Liebe geneigt gegen deinesgleichen. Sie legte in deine Brust den süßen Keim der Wohltätigkeit und des Mitleids. Sie gab dir ein Herz, welches den Schmerz des Mitbruders fühlt und bemitleidet und geneigt ist, ihm zu helfen. In dem, was dir entweder gefällt, oder mißfällt, lehrte sie dich, was du dem anderen tun oder nicht tun sollst. Eine gebietende Stimme ruft dazu noch in deiner Brust, daß es sträflich ist, einen anderen Menschen zu mißhandeln. Das ist die heilige Stimme der Natur und somit die Stimme des großen Urhebers, der sie gebildet. Dem Griechen, Britannier und Skythen, dem Afrikaner oder Römer – allen redet sie dieselbe Sprache, jeder findet sie von unsichtbarer Hand in sein Herz geschrieben. Und du bist's, der dieses köstliche Werk zerstört.

Ihr Sterblichen, ihr selbst seid die Urheber so großen Unheils. Die unbändige Begierlichkeit ist die Wurzel alles Bösen. Daraus entsprossen alle die giftigen Schößlinge, aus denen nachher die größten Verbrechen entstehen. Durch die Begierlichkeit will der Mensch glücklich werden und ein seliges Leben führen, wo nichts als Elend ist. Darum beeilt sich jeder zu sammeln und zu rauben das wenige Gute, was diese Erde erzeugt, und da keiner seinen Hunger damit stillen kann, so betrachtet einer den anderen als lästiges Hindernis, als seinen Nebenbuhler und Feind. Darum zernagt, zerfleischt und verwundet einer den anderen. Darum ist alles voll Aufruhr und Krieg unter uns. Törichte Menschen! Warum macht ihr euch zu Bettlern? Warum gebt ihr Raum diesem schändlichen Durst, der euer Herz grausam mordet? Warum streitet ihr untereinander um nichtige Schätze?

Diese grausame Tyrannin hat die Erde mit der finstersten Nacht bedeckt. Sie verbannte von Menschen die Gedanken, die Erinnerung, daß er für den Himmel geschaffen ist. Sie lenkte seine Sorge vom Geiste auf den Körper. Sie verhüllte ihm den wahren Gott unter der schwarzen Decke des Aberglaubens, den Gott der Tugend, das Muster und den Urheber eines himmli-

schen Lebens, und stellte ihm falsche Gottheiten vor
Augen als Vorbilder und Reizmittel eines schändlichen
Lebens; unter solchen Vorgängen befleckte der Mensch
die Erde mit häßlichen und mehr als viehischen
Schandtaten und wetteiferte an Grausamkeit mit Nattern und Tigern. Der Himmel sah, wie die Hirten der
Völker dieselben um sich her versammelten, sie mit
Waffen rüsteten und sie wie zu einem glorreichen Unternehmen anführten zum Morde vernünftiger Wesen.
Er sah, wie die stärkeren Nationen sich beeiferten, das
Blut anderer zu vergießen, die nichts verschuldet hatten,
nur daß sie der schwächere Teil waren. Mit den abscheulichen Götzenbildern erhoben sich zugleich
schändliche Götzen falscher Tugend, um die Huldigung
irregeleiteter Menschen sich anzumaßen. Mut ohne
Gerechtigkeit, weil glücklich in den Waffen, Wildheit, die
ein schuldloses Volk angreift, mit Sieg gekrönt, erhielt
den Namen STÄRKE und TAPFERKEIT. Die blinde Welt
feierte durch ihren Beifall die gräßlichen Verbrechen
unter dem schimmernden Namen von Heldentaten,
feierte die Eroberung von Königreichen, die Niederlage
von Nationen, und der schmeichelnde Ruf gab größere
Ehre demjenigen, welcher der Menschheit die tiefsten
Wunden geschlagen. Die gebildetsten Nationen be-
deckten mit dem schönen Namen Vaterlandsliebe den
Haß gegen alle übrigen Menschen. Die Römer erkann-
ten den Menschen nicht mehr in dem, der kein römi-
scher Bürger war. Ein Ausländer war ihnen ein Feind,
ein Sklave ein Lasttier. Während sie beinahe alle übrigen
Völker Barbaren nannten, ehrten sie im Triumphe

solche Taten, die wohl eher der Todesstrafe würdig gewesen. Während sie den Straßenräuber, der den Wanderer beraubt, zum Tode verdammten, schickten sie selbst ihre Legionen aus, die Völker zu plündern und die Könige zu morden. Während sie mit großem Prunke die Grade des Verbrechens bei der Bestrafung eines Schuldigen abwägten, beschlossen sie den Untergang der Völker aus bloßem Antriebe des Ehrgeizes und der Habsucht. Und am Ende gewohnt, mit dem Kriege zugleich das Räuberhandwerk in der ganzen Welt zu treiben, fanden sie in den Tagen des Friedens kein angenehmeres Schauspiel, als den Anblick von ganzen Scharen, auserwählt, um zu ihrer Belustigung vor ihren Augen sich zu ermorden. Die Tafeln ihrer Großen waren ohne Würze, wenn dabei kein Menschenblut floß.

Doch laßt uns unsere Blicke abwenden von dieser durch Laster beherrschten Welt. Mag ewige Vergessenheit jene unter glänzender Gestalt verborgenen Grausamkeiten decken, die die Welt im Reiche des Truges gefangen hielten. Gebrandmarkt ist bei den Persern der Name Xerxes, bei den Griechen Alexander, in Ägypten Sesostris, bei den Römern Cäsar. Erloschen ist die Idee von falscher Größe, die der Mensch schon erreicht zu haben glaubte, indem er seinesgleichen zu Boden trat. Erschienen ist endlich das Licht, alles wendet sich ihm zu, und nachdem die Irrtümer verschwunden sind, lernt man endlich, was der Mensch dem Menschen schuldig sei. Der Urheber der Natur ward wie einer aus uns; aber er kam nicht hernieder, um Königreiche zu erobern und

Völker unglücklich zu machen und seinen Namen durch Siege zu verherrlichen, er kam, um sich aufzuopfern und alle zu beglücken. Laß uns ein geneigtes Ohr leihen der himmlischen Weisheit, die herabstieg, um die in schauerlichen Abgrund versunkene Welt zu retten.

Das ganze Menschengeschlecht hat einen gemeinschaftlichen Stamm. Die verschiedenen Völker, die die Erde bewohnen, sind die Äste desselben. Obgleich in verschiedenen Bächen von der Quelle abgeleitet, ist es dennoch dasselbe Blut, welches in den Adern des Thrakiers, des Cimbern und des Mohren rollt. Dort, in Armeniens Gefilden, empfing der erste Bewohner der Erde von Gottes Hand Gestalt und Leben. Er ist unser gemeinschaftlicher Vater und wir alle sind Brüder. Warum, oh Mensch, unterstehst du dich, eine Ungleichheit einzuführen, wo eine gemeinschaftliche Natur herrscht? Bist du groß, mächtig, so ziehe dich die Liebe zu deinem Bruder hin, der tief unter dir seufzt. Was blähest du dich auf beim Anblicke der Niedrigkeit eines anderen! Grausamer! Weil sein Zustand Mitleid verdient, verachtest du ihn? Die Natur, die gemeinschaftliche Mutter aller, liebt ihn nicht weniger als dich. Sie bietet uns die Elemente als Gemeingut dar. Sie bringt Getreide hervor für alle und Futter für ihre Herden. Und wenn sie dir ihre Schätze in größerer Fülle zuwendet, so beherzige, daß andere das Notdürftige nicht haben. Sie bereichert dich nicht, um andere hungern zu lassen. Dir vertraut sie das Anteil anderer, weil sie will, daß du in ihrem Namen es ausspendest. Deine Habsucht verzehrt deinen Bruder. Du verlierst den gemeinschaftlichen Ursprung aus dem

Auge und hältst dich bloß an jene Ungleichheit, die der Glückswechsel unter die Sterblichen gebracht hat. Wisse also, daß dieser Wechsel von dem unendlichen Geiste, der alles beherrscht, gelenkt wird, aber zum allgemeinen Besten und nicht zum Verderben derjenigen, denen das Glück weniger günstig ist. Hüte dich, seinen Absichten zu widerstreben und die Ordnung seiner hohen Ratschlüsse umzukehren. Durch die verschiedenen Abstufungen in der menschlichen Gesellschaft wollte er allen Tugenden ein freies Feld eröffnen, wollte uns alle mit einem unauflöslichen Bande verknüpfen. Wo wäre wohl die Achtung und der Gehorsam, der den Willen eines anderen als Gesetz befolgt und Ordnung auf der Erde und Harmonie unter den Völkern gründet, ohne die Hoheit, die Würde und das Ansehen, die der Himmel hienieden befestigt hat? Wo wären die edlen Sorgen und Anstrengungen des Großen, wo das großmütige Streben des Fürsten, der da wacht, um das Los der niedrigen Volksklasse zu verbessern, wenn es keinen Unterschied der Stände gäbe? Hätte uns die Natur alles in Fülle gegeben, so könnten wir einer den anderen für unnütz ansehen. Gemeinschaftliche Bedürfnisse knüpfen uns an einander. Die ewige Weisheit führt den Niedrigen durch Not zum Hohen; aber sie will auch, daß dieser durch Liebe sich zu jenem herablasse. Sie will, daß diejenigen, über welche du erhaben bist, durch Vertrauen, Dankbarkeit und Liebe sich an dich anschließen; aber sie will auch, daß du durch Wohltätigkeit, Milde und Leutseligkeit ihr Vater werdest. Wenn auch in der menschlichen Familie die Grade und Ehrenstufen verschieden sind, so sind wir doch alle gleich vor dem Herrscher des Weltalls. Aber doch rühmst du dich hoher Titel und es scheint, als wenn der ehrenvolle Name, den du von den Ahnen geerbt, dich zu einem Wesen anderer Art machte. Wohlan, Betrogener, zerstreue das schwarze Gewölk, das dir den Blick verhüllt. Jeder Unterschied, den die Zeit zwischen Menschen und Menschen macht, wird auch mit der Zeit wieder aufgehoben werden. Es dauert nur bis zu unserem Austritte aus diesem Leben. Der Eintritt des Menschen in dieses Leben ist nicht sein wahrer Geburtstag. Von unseren Eltern empfangen wir nur eine gebrechliche Hülle, die uns eine kurze Zeit bedecken und dann als unnütz verfaulen soll, um wieder neu geschaffen zu werden. Unser wahrer Geburtstag ist derjenige an dem der Geist vom Hauche des Allmächtigen sein höheres Leben empfängt.

Das ganze Menschengeschlecht ist das Werk desjenigen, der die Sterne und das Firmament geschaffen hat. Er ist der Vater aller und liebt auf gleiche Weise jeden Menschen, sei er von niedriger oder hoher Herkunft. Gleichwie der Unterschied der verschiedenen Größe der Pflanzen, die in den Ebenen Thessaliens grünen, vor dem, der sie von der Höhe des Olympus betrachtet, verschwindet, so verschwinden vor dem Allerhöchsten die verschiedenen Abstufungen der Menschen auf dieser niedrigen Erde. Alle sind vor ihm gleich, der Untertan und der König, wer in goldenen Palästen schläft und glänzende Ahnen zählt und wer im verborgenen Tale ruhmlos seine Herde, das kleine Erbteil eines unberühmten Vaters, weidet. Die Größe des Menschen besteht darin, daß er Mensch ist. Kein Erdentitel kommt diesem Namen gleich. Sieh´ da, Großer der Erde, deine wahren Adel, sieh´ da den Adel desjenigen, den du verachtest, weil er in Lumpen gehüllt ist! Willst du dich nun noch eines Vorzuges deiner Geburt über ihn rühmen? Sieh´, er ist durch sein Herkommen größer, als du dir´s denken magst.

Dieser ewige Herr, der schon dadurch, daß er den Menschen aus dem Nichts hervorzog, sein Vater war, wollte denselben durch neue Bande an sich fesseln. Er nahm unser Blut an, um mit uns ein sterbliches Leben zu haben. Und nachdem er dieses unser Blut in sich vergöttlicht hatte, teilte er uns dasselbe wieder mit, um uns ein göttliches Leben zu verleihen. Darum sind wir in doppelter Beziehung mit ihm Blutsverwandte. In eigener Person gab er uns die hohen Namen S ö h n e und B r ü d e r. Nun geh´ hin und rühme mir deine elenden Titel und verachte den Menschen, der dir gleich ist.

Ach! Die Unwissenheit des Menschen und seine freiwillige Blindheit sind die unselige Quelle unserer Übel. Verwüstet ist die Erde, weil der Mensch nicht denkt. Dafür weidet er sich mit Traumbildern und Hirngespinsten. Seine Vernunft ist stumm, weil sie nie gefragt wird. Sie schweigt, weil die unruhigen Leidenschaften immer sprechen und ihre innere Wohnung übertäuben. Die Wahrheit verbirgt sich in einen Winkel, weil er derselben immer ohne Achtung begegnet. Gleich einem Wüstlinge, der die Gesellschaft seiner tugendhaften Gattin, diesen stillschweigenden Vorwurf seiner verbotenen Liebschaft, haßt, lebt er buhlend mit der Lüge, die ihm schmeichelt.

Die Natur und die Gnade machen uns alle zu Kindern desselben Vaters. Vergebens glaubt der Mensch, seinem Gott zu gefallen, wenn er einem einzigen seine Liebe versagt, wenn er einen einzigen mit hartem und lieblosem Herzen verachtet. Der Ewige ist uns Bürge für die Ehre, die er uns zugesagt hat. Seine unendliche Majestät gibt er zum Unterpfande, damit jeder sie ehre. Scheint dir dein Nebenmensch gering und niedrig, so bedenke, mit wem er verwandt ist. Du, der du trotzig von deinem Throne auf den Armen herabblickst, weißt du, wen du in ihm beschimpfst? Deine Beschimpfung fällt auf Gott selber zurück. Er ist es, der unter diesem betrübten Antlitz sich verbirgt, der dort um jenes Mitleid fleht, dessen der Mensch bedarf; er ist es, den du dort liebreich aufnimmst, oder schmählich abweisest. Kommen wird der Tag, da der Herr, nicht mehr verachtet und beschimpft von seinem Geschöpfe, aus den Wolken herabsteigen wird, um Rechenschaft über alle Werke der Menschen zu fordern. Sammeln werden sich um ihren König die himmlischen Heerscharen, und die ganze Welt wird sich zur Rache bewaffnen für ihren Schöpfer. Er sitzt auf dem Throne seiner Majestät, von den Flügeln des Windes getragen, und es erscheinen vor ihm alle Bewohner der Erde. Du wirst sehen, wie sie nach ihrem Verdienste abgesondert und einander gegenübergestellt werden. Dann wird der höchste Richter sich zu denen wenden, die zur Rechten stehen und wird mit jenem Blicke, mit welchem er die Stürme besänftigt, den Himmel erheitert und die Bewohner desselben beglückt, zu ihnen sprechen: „Kommt, ihr Gesegneten meines Vater, besitzet das Reich, das euch bereitet ist vom Anbeginn der Welt! Denn ich bin hungrig gewesen und ihr habt mich gespeiset; ich bin durstig gewesen und ihr habt mir zu trinken gegeben; ich bin ein Fremdling gewesen und ihr habt mich beherbergt; ich bin nackt gewesen und ihr habt mich bekleidet; ich bin krank gewesen und ihr habt mich besuchet; ich bin im Gefängnis gewesen und ihr seid zu mir gekommen." Matth. 25, 34-37. Aber dann wird er sich mit veränderter Miene und Sprache zu denen wenden, welche zur Linken stehen. Wenn durch den Donner die hohen Gebirge erschüttert, die Wolken zerrissen werden, die Erde bebt und das Meer aus seinem untersten Grunde aufgeregt wird und die Klüfte von seinem Widerhalle laut dröhnen, so ist das nur ein leiser spielender Zephyr im Vergleich mit jener göttlichen Stimme, die den Gottlosen den ewigen Untergang ankündigt. „Ich bin unter euch hungrig und durstig, ohne Herberge, nackt, krank und gefangen gewesen und ihr Unbarmherzigen kamet mir nicht zur Hilfe. Weg von mir, ihr Verfluchten, in das ewige Feuer, das dem Teufel und seinen Engeln bereitet ist." Matth. 25, 31-43. Sieh´ da den Richterspruch, sieh´, es steht vor deinen Augen Belohnung und Strafe, Verdienst und Schuld. Aber wie kann ich meinem Gott zu Hilfe kommen, fragst du, und wann versage ich ihm meinen Beistand? Wenn du einem Menschen, wer er auch immer sei, alles dieses tust, oder nicht tust. Er selbst hat es gesagt, als er auf dem Ölberge die letzten

Ereignisse erklärte, womit sich dieses irdische Leben des Menschen schließt. Alles, was er damals vorhersagte, sollte durch seine Jünger verkündet werden, damit jeder sich bestrebe, dem schrecklichen Verderben zu entrinnen. Was immer der Mensch dem geringsten seiner Brüder tut, das hat er seinem Gott getan. Das sind Worte des Allerhöchsten. Himmel und Erde werden vergehen; aber von seinen Worten wird kein Jota unerfüllt bleiben.

Von dem Angesichte eines Gesetzes, das uns eine solche Liebe und Wohltätigkeit gegen alle Menschen empfiehlt, komm´ nun, du Weltweiser, mit einem Herzen von Eis und rühme mir deine Menschenliebe. Du willst, daß die Vernunft die Menschen wohltätig mache. Auch ich will es. Aber du willst das große Licht so erhabener Gesetze von der Vernunft trennen und maßest dir an, dieselbe aufzuklären durch dein Machtwort und durch das Wort derjenigen, die sich mit dir als Lehrer der Sterblichen aufwerfen. Oh Törichter und Sinnlosester aller Menschen! Du willst, daß es hienieden hell sei; aber du willst die Sonne auslöschen und die Welt mit dem düsteren Scheine von Fackeln erleuchten, die oft trügerischer sind als die Finsternis selbst. Nur zu oft hat die Erde es gesehen, in welcher schauerlichen Abgründe das Menschengeschlecht versinkt, sobald die Vernunft den treuen Beistand des göttlichen Gesetzes verliert.

Dreizehnte Nacht

Die Rechte der Menschheit

Die Nächstenliebe

Gott bleibt immer derselbe und ist durch sich selbst glückselig. Die Geschöpfe sind und haben nichts, als was wir von ihm empfangen. Wer kann dem Schöpfer etwas geben? Wer dem Allmächtigen helfen? Bedarf er der Güter, der Hilfe eines anderen? Aber er erfand die Kunst, es dahin zu bringen, daß der Mensch ihm wie einem Notleidenden und Dürstigen helfen kann. Das tat er, um unser Schuldner zu werden und sich zu einer unermeßlichen Wiedervergeltung zu verpflichten. Er wollte, daß der Mensch in seinem Nebenmenschen ihn selber erkenne, und was einer dem anderen tut, gilt ebensoviel, als wäre es Ihm selber geschehen. Göttliche Kunst und würdig der höchsten Güte, wer kann sich deiner Lockspeise entziehen, wer dem Netze entgehen. Das die Liebe eines Gottes zu unserer Beglückung ausbreitet? Also finde ich meinen Gott in jedem unsterblichen Geiste? Also speise ich meinen Gott, wenn ich den hungrigen Armen an meinen Tisch ziehe? Ich tröste meinen Gott, wenn ich meinem leidenden Mitbruder zu Hilfe komme? Und wenn ich die Wunden eines hilflos schmachtenden Unglücklichen nicht verbinde, so verschmähe ich meinen Gott? Oh Mensch, du teurer Gegenstand meiner zärtlichen Liebe! Ha, wer gibt mir, daß ich für dich mein Leben aufopfere, daß ich zu deinem Besten all mein Blut vergieße und für dich in den Tod gehe! Oh Mensch, wer du auch immer seist, was beginnst du, wo ziehst du hin? Warum verträumst du die kostbare Zeit? Rastlos beeile und bestrebe dich, deinem Gott Beweise deiner Liebe zu geben. Das kannst du nur in diesem Leben. Versäume nicht eine Tugend, um die der Himmel dich beneidet, jeder Mensch, dem du begegnest, gibt dir Gelegenheit dazu. Kannst du nichts anderes tun, so liebe ihn, und voll Liebe flehe zum Himmel, daß dieser ihn beglücken möge mit allen wahren Gütern. Dein Herr nimmt deine Wünsche so auf, als wären sie für ihn dargebracht.

Ich liebe das unendliche Wesen, erwiderst du; aber der Mensch, ein unvollkommenes Geschöpf, ein niedriges Gemisch von Lastern und Unwissenheit, töricht in seinen Urteilen, wandelbar und unbeständig in seinen Wünschen, hartherzig, ungerecht und undankbar, verdient nicht meine Liebe. Wie? Er verdient nicht deine Liebe? So rühmst du dich denn vergebens, das höchste Gut zu lieben. Wer da liebt, dessen Wille ist eins mit dem Willen dessen, den er liebt; dein Herr macht es dir zur Pflicht, deinesgleichen zu lieben, zeigt dir in jedem Menschen seinen Stellvertreter, und du kannst ihm deine Liebe versagen? Oh Scheusal von Roheit! Du liebst deinen Schöpfer gar nicht. Verdient der Mensch nicht deine Liebe? Aber was für einen Sinn, was für ein Herz hast du, wenn so heilige Beweggründe auf dich keinen Eindruck machen? Und wer bist du denn vor deinem Schöpfer? Deinem Gott beweisest du nicht die Liebe, die er von dir verlangt durch einen Menschen, der dir gleich ist, durch einen Menschen, dem er seine Rechte an dich übergeben, und du forderst, daß Gott dich liebe, du niedriger Erdenwurm, voll Hochmut und Widerspenstigkeit? Elender! Du bist nun gar zu mißfällig dem großen Gesetzgeber und hast nur Blitz und Donner von ihm zu erwarten.

Der Mensch ist geschaffen für die Liebe, weil er geschaffen ist für Gott. Liebe ist's die den Menschen zum höchsten Gute führt. Der Schöpfer des Weltalls legte sie in uns, um uns an sich zu ziehen. Aber wir selbst verderben diesen edlen Trieb, indem wir ihn auf andere Gegenstände hinwenden und seine Wünsche mit Trugbildern befriedigen. Nur Gott sollten wir lieben, und wir entfernen uns weit von ihm und machen die Geschöpfe zu unserem Götzen. Der Geizhals liebt das glänzende Metall, der Ehrfürchtige einen leeren Dunst, der ihn nicht befriedigt, und der Wollüstling ein niedriges Vergnügen, das schnell vorübergeht und nur Schmerz zurückläßt. Der Mensch ist immer zur Liebe bereit, wenn sie sündhaft ist, und entschuldigt sich, wenn sie tugendhaft ist. Wenn uns Gott befiehlt, den Menschen zu lieben, so befiehlt er uns nicht, den Menschen zum Hauptgegenstande unserer Liebe zu machen. Er will, daß wir in seinen Werken ihn selbst lieben sollen. Verdient nun der Mensch nicht deine Liebe? Liebt man ja doch in ihm denjenigen, der allein aller Zuneigung unseres Herzens würdig ist. Das fordert er, wenn er dir gebietet, deinen Mitbruder zu lieben. Liebe im Menschen die Hand, die ihn gebildet hat, liebe in ihm das Bild des Schöpfers, liebe seine Gaben, seine Wohltaten, die er über dieses Geschöpf ausgegossen hat. Liebe im Menschen den Ratschluß des ewigen Königs, welcher ihn zum Mitgenoß seiner Herrlichkeit wählte, liebe die Namen Bruder und Sohn, die er ihm erteilt, liebe das Blut eines Gottmenschen, das für ihn vergossen ward, und die Mühsale und Leiden und die schweren Mißhandlungen, die er zu seiner Rettung freiwillig duldete. Wenn dein Herz bei diesen Worten nicht gerührt wird und von Liebe entbrennt, oh so geh´ hin, Ungeheuer an Hartherzigkeit und verbirg dich hinter die kaukalischen Felsen vor dem Anblicke der übrigen Sterblichen, vor dem Tageslichte und dem Anblicke des Himmels, der vor dir erschaudert. Du hast keinen Funken von Gottesliebe; du hast gottvergessen schon alles einem schändlichen Götzen geweiht. Der Mensch kann nicht leben, ohne zu lieben. Die Liebe ist das Element seines Herzens. Wer nicht liebt nach Vorschrift der göttlichen Gebote, liebt gegen den Willen des großen Gesetzgebers; wer nicht seine Liebe dem Herrn weiht, der empört sich gegen ihn.

Bei der Liebe kommt alles auf die Ordnung an. Diese macht den Menschen gerecht und alle seine Tugenden sittlich. Die Unordnung macht lasterhaft und verursacht alle Vergehen und Missetaten. Der Fromme sucht immer in seiner Liebe den Urheber aller Dinge, der Böse sich selbst. Der Fromme liebt seinen Gott, wo er ihn findet, liebt ihn in seinen Geboten, in seinen Absichten, in den Widerwärtigkeiten, die er ihm zuschickt und selbst in den Geißelhieben, womit er ihn schlägt. Der irdische Mensch macht sich zum Mittelpunkte der Liebe und macht sie dem Allerhöchsten streitig. Er sagt sich los von der Liebe des Nebenmenschen, wenn er vernimmt, daß er um Gottes willen ihn lieben soll; doch ist darum sein Herz noch nicht abgeneigt von der Liebe desselben. Er liebt den Menschen, aber um seiner selbst willen und sucht in ihm nur die Befriedigung seiner Wünsche. Er sieht seinesgleichen an als Diener seiner Begierden und liebt oder haßt dieselben je nachdem sie entweder seinem Willen entsprechen, oder ihm feindlich entgegentreten. Sein niedriges Interesse ist abwechselnd der Maßstab des Verdienstes oder der Schuld anderer Menschen. Er liebt nur sich.

Die Liebe bewährt sich in den Werken, deren sie fähig ist, in den Hindernissen, die sie besiegt, in der Last, die sie trägt. Ist sie stark, so findet sie den ganzen Gegenstand, dem sie dient, leicht. Sie ebnet dem Liebenden den rauhen Weg, sie mildert die Sonnenhitze und den starren Frost und versüßt das Leiden. Sie geht sicher mitten durch Waffen, benimmt den Wunden ihren Schmerz und selbst dem Tode seine Schrecken. Der Mensch sagt, er liebe Gott, und weiß doch nicht, um Gottes willen einen anderen zu lieben. Schwacher, elender Liebhaber! Dem Willen Gottes ziehst du deinen Stolz vor, der da macht, daß du den Menschen deiner Liebe nicht wert achtest. Du willst, daß in deinem Herzen die Liebe des Allerhöchsten walte; aber du willst,

daß sie nachstehe, und unterworfen sei deiner thyranni-
schen Hoffart und Rachsucht. Oh du Verwegener!
Zürnend weicht die Liebe des Schöpfers, ehe sie zu
solcher unwürdigen Sklaverei sich erniedrigt.

Was tut nicht der Mensch für eine erschaffene
Schönheit, deren Liebe er genießt? Die unendliche
Schönheit erlaubt uns nicht nur, sondern gebietet uns,
sie zu lieben, sie will sich uns hingeben. Über ein solches
Geschenk staunt die ganze Welt. Nach einem solchen
Übermaße von Güte frage ich den Menschen, ob er
seinen Herrn liebe? Er bejaht es. Du liebst ihn, aber du
glaubst vielleicht, der Quelle eine Wohltat zu beweisen,
wenn du sie an deine Lippen bringst, um den Durst zu
löschen, der dich ohne sie töten würde? Glaubst du
vielleicht, Gott einen Gefallen zu tun, indem du ihm
deine Liebe erweisest? Wer kann Mensch sein und ihm
seine Liebe versagen? Unser Herz ruft uns laut, daß wir
für ihn geschaffen sind, und treibt uns zu ihm. Wer kann
der unendlichen Güte, der höchsten Schönheit, der
Glückseligkeit seine Liebe versagen? Wenn sich uns
nichts in den Weg stellt, wenn man nichts anderes will,
als stromabwärts schiffen, wohin unsere Neigung und
die Begierde uns treibt, was ist wohl da Hartes, wenn
man dem süßen und mächtigen Hange der Natur folgt,
die nur ihr eigenes Wohl sucht? Aber mit Recht begnügt
sich die ewige Schönheit nicht mit dieser Liebe allein, die
für uns nur ein erwünschter Genuß wäre. Sie will, daß
wir bei unserer Liebe uns auch überwinden, daß wir sie
lieben, wenn auch unser schwacher Wille sich dagegen
sträubt. Sie will, wir sollen sie lieben in dem Menschen,

der sich oft unserer Liebe unwürdig zeigt, und dem sich unsere Liebe nur mit Scheu und Sträuben nähert.

Danke dem Allgütigen, oh Mensch, der dir Anlaß gibt, ihm deine Liebe zu beweisen. Umfasse das ganze Menschengeschlecht, und je weniger deine Neigung dich treibt, die Brüder zu lieben, desto mutiger feuere dich dazu an. Du liebst in ihnen das höchste Gut. Je weniger fremde Nahrung deine Liebesflamme findet, desto reiner bleibt sie, desto schneller steigt sie hinauf zu ihrer Sphäre. Wenn du im Menschen deinen Wohltäter und Gönner und Freund liebst, so liebst du oft mit dem Schöpfer zugleich das Geschöpf. Aber in dem Menschen, der dir nicht nützt, der dich haßt und beleidigt, liebst du Gott allein.

Was beginnst du, wohltätige Jungfrau, was treibt dich an, dich des Goldes zu berauben, das unter den Menschen so hohen Wert hat, und dich zu so ekelhaften Beschäftigungen zu erniedrigen mitten in der Fülle deines Wohlstandes? Ich sehe, wie du sorgfältig die Fremden erquickest, die an deiner öden Insel anlanden; ich sehe, wie du sie aufnimmst unter deine Mauern. Du kannst dich vom Krankenbette nicht losreißen; du stehst ihnen bei und tröstest sie, wie eine liebevolle Mutter. Ihre Leiden verwunden dein Herz; großmütig erduldest du ihre Härte. Der üble Geruch ihrer Wunden schwächt deine Liebe nicht, beleidigt dich nicht und entfernt dich nicht von ihrer Seite. Die Wut ihrer Fieberhitze erregt in dir nicht Unwillen, sondern Mitleid. Was macht dir diese Fremden so wert? Ach wohl begreif´ ich den edlen Beweggrund deines Eifers. Sie sind Diener deines Bräutigams. Er ist fern und du erkennst in diesen sein Bild. Diese sind sein Bild. Diese sind seine teuren Untertanen und für sie verlangt er deinen Beistand. Indem du ihnen dienst, dienst du deinem Geliebten, und je niedriger die Sorge ist, zu der du dich herablässest, desto größer ist das Unterpfand deiner Liebe gegen ihn. Großmütige Jungfrau! Dein Herr und Bräutigam betrachtet dich von fern und winkt dir Beifall in diesen niedrigen Diensten. Oh wie teuer bist du ihm, wie sehr gewinnst du seine Zuneigung in den mühsamen Werken der Barmherzigkeit, die er dir eingibt. Hier erscheinst du ihm liebenswürdiger, als im Augenblicke, wo du in Betrachtung seiner liebenswürdigen Gestalt hinschmachtest. Hier sammelst du dir die Schätze seiner Liebe; einst kommt die Zeit, da du sie genießen wirst. Dieses königliche Herz, diese Hoheit ist schon ganz dein eigen; einst wird er deine Gaben und deine Liebe wiedervergelten. Du liebtest ihn, da du noch fern von ihm warest in mühsamen und harten Werken, du liebtest ihn mit großer Aufopferung; bald wirst du ihn lieben zu deiner Glückseligkeit in seinem erhabenen Wohnsitze, in der Wonne, in dem Glanze seines königlichen Thrones, du wirst ihn lieben als deinen Bräutigam.

Mensch, du weißt es wohl, daß deine Mitmenschen mehr sind als Sklaven desjenigen, der dich einst vollkommen beglücken soll; er liebt sie mehr als Sklaven. Er ist nicht fern, sondern bei ihnen und sieht und empfängt die Beweise von Liebe, die du ihnen gibst. Schau´ auf den hin, dessen Glaube dir leuchtet, und erkenne in der Kreatur den Schöpfer. Er verlangt dein ganzes Herz für sich allein; bewahre es ihm ganz. Aber die Werke der Barmherzigkeit und Milde, welche Beweise deiner Liebe gegen ihn sind, läßt er dem Menschen zukommen. Wenn dein Nebenmensch sich gegen dich verfehlt, so ist es Schwachheit, die Mitleid verdient, nicht aber Haß und böser Wille; es ist dein Bruder, der dich beleidigt. Wenn du nun alle Liebe gegen ihn ablegst; wenn du … Still! Vielleicht ist er nicht einmal schuldig; vielleicht ist seine Schuld bei weitem nicht so groß, als du glaubst. Wer maß sein Unrecht, wer wägte die Bosheit seines Willens? Du selbst, oh Mensch, dem doch das Innere des Mitbruders ganz verborgen ist, der du blind über sein Herz urteilst. Und dazu riet dir deine ungeordnete Liebe und dein Stolz. Ungerechter Richter! Halt´ein den Ausspruch deines Zornes! Wer irgend einer heftigen Leidenschaft dient, darf so nicht richten. Wolltest du deine Rechtssache vor einen Richter bringen, der dein Feind und Beleidiger ist? Was du willst, daß dir geschehe, tue auch anderen. Aber dein Beleidiger hat zuerst gefehlt, war ungerecht, undankbar, grausam gegen dich. So beweine denn sein Unglück, wenn du menschliches Gefühl hast. Schlimmer als all Krankheiten sind die Seelenkrankheiten, die Sünde, die Schuld. Du leidest unvergleichlich weniger als ein Gegner, der dich mißhandelt. Derselbe Schlag, der dich getroffen, verursachte ihm eine tiefere Wunde; sein Geist starb daran. Und doch dürstest du nach Rache? Barbar! Du sollst sie haben. Ein unbestechlicher Richter wird die dir zugefügte Beleidigung nicht ungestraft lassen. Der dich beschimpft hat, wird entweder vor seinem Tode dafür büßen und durch Reue sie auslöschen, oder er wird sein Vergehen unter der strafenden Hand Gottes in schauerlichem Kerker beweinen. Beklage sein Unglück. Aber noch willst du nicht nachgeben? So jage denn, du Unmensch, dem höllischen Vergnügen der Rache nach. Jage ihm nach; aber sieh´ dich um, ehe du Rache übest. Die düstere Flamme, die in deinem Busen lodert, verdunkelt deinen Geist, umhüllt deine Vernunft und läßt dich im Gegner nur den Menschen sehen. Unglückseliger! Halt´ ein, du erhebst deine Hand gegen den Allmächtigen. Im Feinde greifst du ihn an und verwundest ihn. Er ruft dir zu: Mein ist die Rache, und in meinen Armen muß dir der Feind heilig sein. Er selbst bittet dich für ihn um Frieden und Vergebung. Törichter! Nimm mildere Gesinnungen an. Leg´ ab zu deinen Füßen den Haß, der dich verzehrt. Vergib deinem Feinde, achte und liebe in ihm deinen Gott. Aber wenn du, verwildertes Herz, bei diesen Worten noch verhärtet bleibst, so gehe hin, unglückseliger Gottesmörder, und vollbringe das Werk deiner Wut, geh´ hin und verwickle Gott selbst in deine Rache. Bald kommt der Tag, da er selbst dein Richter in der Ewigkeit sein wird. Dein Urteil weißt du schon. Du unterschreibst es schon durch deine Hartherzigkeit. Ein Gericht ohne Erbarmen für den, der kein Erbarmen hat. Dieses Gesetz steht mit unauslöschlichen Zügen und in Diamant geschrieben vor Gottes Richterstuhl. Nach diesem Gesetze wird das ewige Los der Sterblichen entschieden.

Der Mensch sucht seinen Haß zu entschuldigen durch erlittenes Unrecht, als ob das Beispiel anderer eine

Rechtfertigung für unsere Fehler wäre, und ihre Sünde die unsrige rechtfertige. So ist das Laster immer von der Torheit begleitet. Sie bahnt ihm den Weg zum Herzen und verhärtet dasselbe gegen die Stimme der Vernunft und des Glaubens. Also weil das Geschöpf dich beleidigte, willst du in ihm den Schöpfer nicht mehr lieben? Ist er durch das Vergehen des Geschöpfes weniger liebenswürdig geworden? Hat er dir etwa das Recht eingeräumt, seine Wohltaten und seine Winke zu verschmähen und ihn zu bekriegen? Du willst deinem Gott nicht nachgeben, der du auch gegen ihn deinen Unwillen äußerst und an ihm deine Beleidigung zu rächen suchst? Wenn das Gefühl der Rache so viel über dich vermag, wenn es mit dir bis dahin gekommen ist, so kann ich nicht mehr mit dir sprechen.

Oh Mensch, der du mit Gefühl und Vernunft begabt bist, komm' und lerne, wie du den Feind behandelst, der Gott zum Vater hat. Gott selbst gibt uns davon ein Beispiel. Seit Jahrhunderten wurde die Welt gleich einem verheerenden Strome, der sich desto breiter ergießt, je weiter er sich von seiner Quelle entfernt und je mehr andere Flüsse er aufnimmt, immer ruchloser. Die dunkle, schauerliche Flut erhob sich schon bis zu den Sternen. Die ewige Gerechtigkeit, die Rächerin der Beschimpfungen des Allerhöchsten, sollte endlich durch ihre Strafgerichte über die sich empörende Erde das lang erlittene Unrecht züchtigen. Das Racheschwert über Ägypten, der Würgengel des Assyrischen Heeres, das Feuer, welches das ruchlose Sodoma zerstörte und die Wasser der Sündflut warteten nur auf einen Wink.

Schon war der Tod bereit, und der Abgrund öffnete sich, um seine Beute zu verschlingen. Aber die Barmherzigkeit siegte, und während der Mensch durch die schmählichsten Beleidigungen die Gottheit reizte, ließ sie das erstaunungswürdige Werk der Liebe gegen ihn in Erfüllung gehen. Gott selbst steigt vom Himmel herab und überhäuft den Menschen mit allen Gütern von oben, ja sich opfert er auf. Er konnte uns strafen und durch gerechte Rache über die Sünde seine Ehre erhöhen. Aus Liebe erniedrigte er sich, nahm Knechtsgestalt an, um seine Feinde aufzusuchen, sie zum Heile zu führen und bis zu seinem ewigen Throne sie zu erheben. Liebevoll ging er seinen Feinden nach, freundlich kam er ihnen entgegen, bot ihnen den Frieden an und tilgte vor der ewigen Gerechtigkeit ihre Schuld; er, der Unschuldige, kam, um aus Liebe zu ihnen wie ein Schuldiger zu sterben. So verfährt Gott mit dem Menschen. Unermeßliche Güte; aber es ist nicht genug, oh Mensch, daß du die Wunder seiner Barmherzigkeit, die dir den Himmel öffnet, anstaunest. Der Urheber aller dieser Güter kam zu uns hernieder nicht bloß als Erlöser, sondern auch als Lehrer. Er ging zuerst den Weg des Heiles, den er uns zeichnete; nur wer ihm nachfolgt, kommt zum Ziele. Vergebens will derjenige ihm angehören, der nicht seines Geistes ist. Der Himmel ist dem Menschen geöffnet, aber nur demjenigen, der dem Gottmenschen ähnlich ist. Nichts Irdisches geht hinein. Wir müssen alle niedrigen Wünsche uns versagen und jene Gesinnung anziehen, die er als himmlischer Arzt uns, da wir tot waren, mitteilte. Der irdische Mensch liebt den Freund

und Wohltäter. Der Mensch, der einst im Reiche der Ewigkeit herrschen will, liebt auch seine Feinde und verbreitet über sie seine Wohltaten nach dem Beispiele desjenigen, der seine Sonne aufgehen und regnen läßt über das Feld des Gerechten und den Weinberg des Sünders. Dadurch unterscheidet sich der Sohn der Finsternis von dem Kinde des Lichtes, der ein Erbe ist jenes Urquells von Liebe.

Mensch, verzeihe, du bist nicht mehr ein niedriges Geschöpf, bist schon ein himmlischer Mensch und trägst auf Erden schon das herrliche Zeichen deiner erhabenen Bestimmung. Nein, nie hat die Erde etwas Größeres gesehen als den Menschen unter den Beschimpfungen. Vergebens sucht die irdische Weisheit ihn nachzuahmen. Der Stoiker hat es so weit gebracht, daß er mitten unter den Verfolgungen den Beleidiger verachten und den Schein des Friedens annehmen konnte. Der Christ allein vermag so viel über sich, daß er ruhig verbleibt, indem er seinen Beleidiger liebt. Nur Gott konnte dem Menschen das Beispiel und die Kraft zu einer solchen Größe verleihen.

Vierzehnte Nacht

Die Rechte der Menschheit

Liebe gegen den Lasterhaften

E s ist mir nicht erlaubt, die Liebe abzulegen gegen den Menschen, der mich beleidigt, der mir schadet, der meinem Leben nachstellt; aber darf ich ihn nicht hassen, wenn er die höchste Majestät beleidigt? Soll der Feind Gottes nicht auch mein Feind sein? Fordert es nicht die Liebe des Allerhöchsten, daß ich jeden Menschen hasse, der sich wider ihn empört? Bezähme, oh Mensch, diese ungestüme Heftigkeit, die eine Tochter der Unwissenheit ist. Auch der Lasterhafte kann einmal gebessert in den Schoß des Vaters zurückkehren, und während du deinen Feind zu hassen meinst, hassest du seinen Sohn. Solange der Mensch auf Erden lebt, ist sein Ende verborgen in der unergründlichen Tiefe der göttlichen Ratschlüsse. Du siehst oft nur einen Petrus, der es nicht wagt, sich für einen Jünger des Herrn zu erklären; aber wer in die Zukunft schaut, der sieht schon in ihm den Märtyrer, welcher seinen Fehltritt mit Tränen und endlich mit seinem Blute auslöscht. Der große Gesetzgeber fordert von dir mildere Gesinnungen. Halt´ ein du, der du Feuer vom Himmel über die Beleidiger des Gottmenschen herabrufen willst. Du kennst noch nicht das Herz und die Gesinnung des großen Gottes, für dessen Ehre du eiferst. Er will nicht den Tod des Sünders, sondern daß er dich bekehre und lebe in Ewigkeit. Er stieg vom Himmel herab, nicht um die Sünder zu verderben, sondern zu heben und sie zu seinen Freunden zu machen. Er kam, um sie mit seinem Blute zu erkaufen. Er ward zum Arzte, der ihre Krankheiten heilte, und sein eigenes Blut war das Heilmittel. Du hassest das Verbrechen? Hasse es; aber dein Haß richte sich nach dem göttlichen Willen und laufe nicht wahnsinnig, wohin die Begierde dich treibt. Alles Gute kommt in das Menschenherz aus der Quelle des Guten, aus der Quelle des Lichtes; sein Strahl erheitert und beruhigt den Geist, verhüllt und verfinstert ihn nicht. Wenn Unmut über die Fehltritte deiner Brüder dir den Geist trübt und dich blendet, so mäßige dich; denn derselbe Wind, der fruchtbaren Regen bringt, erregt auch auf dem sumpfigen Boden schwarze Nebel und drohendes Sturmgewölk. Nur zu oft trügt uns der Schein des Guten. Wer sich ihm anvertraut, überläßt sich sorglos unordentlichen Neigungen, und während er der Tugend zu folgen meint, folgt er tyrannischen Leidenschaften, die ihn fern vom Ziele führen. Außerhalb der heiligen Stadt sehe ich einen Menschen, der eifrig die Kleider derer bewacht, welche jenen Leviten, den Anhänger einer ihm verhaßten Lehre steinigen. Von da sehe ich ihn wegeilen mit drohender und Tod verkündender Miene, um die neuen Anbeter Gottes gefangen zu nehmen. Saulus, warum zürnest du so gegen diese!

Der Levit, welcher vor deinen Augen stirbt, ist unschuldig. Diejenigen, die du übermütig verfolgst, sind keine Verbrecher. Wenn der Eifer für das Gesetz dich entflammt, warum bist du feindselig gegen denjenigen, der demselben Gesetze, das du unrecht verstehst, treu bleibt? Das ist falscher Eifer. Von Leidenschaften geführt und irre geleitet, endet er mit Ungerechtigkeit und Unmenschlichkeit. Ach, wie dein unruhiger Geist die Gestalt der Dinge verwirrt! Die Tugend ist nimmer blind. Die Vernunft, die uns zur Aufklärung gegeben ward, ist ihre beständige Freundin. Sie ist die Fackel, die auf dem Lebenswege mit untrüglichem Lichte des göttlichen Wortes uns vorleuchten soll. Wer mit Ungeduld ihrem Lichte voreilen will, wandelt im Finstern und strauchelt jeden Augenblick. Unglücklich ist derjenige, der über die Fehltritte anderer zu voreilig sich ereifert. Oft vermischt er den Guten mit dem Bösen und aus blindem Verfolgungseifer gegen die Sünde mißhandelt er die Unschuld. Saulus gab in der Folge aus wahrem Eifer sein Leben hin für den Herrn, den er früher aus falschem Eifer verfolgt hatte. Die Wahrheit tilgte in ihm die Schuld der Unwissenheit und die Tugend trat an die Stelle des blinden Fanatismus. Nicht immer senkt sich dem Blitze gleich der Lichtstrahl herab, um denjenigen aufzuhalten, der ihn nicht achtend dahineilt, und oft, wenn er ihm wohltätig leuchtet, ist es zu spät. Schon ist der gute Levit getötet. Er starb als Opfer der Übereilung eines anderen.

Du hassest die Schuld? Du sollst sie hassen, so will´s der Himmel. Unversöhnlich, ewig sei dein Haß. Aber den Menschen liebe, das gebietet dir auf gleiche Weise der Himmel, und will, daß deine Liebe ewig sei und alle Proben bestehe. Weder ist es dir erlaubt, aus Liebe zum Menschen Frieden oder Waffenstillstand zu schließen mit der Sünde, noch darfst du aus Liebe zu dieser den Menschen hassen. Nur die Torheit kann so verschiedene Dinge miteinander verwechseln. Der Mensch ist ein Geschöpf desjenigen, dessen Werke stets vollkommen sind, er ist ihm so teuer, daß er ihn mit seinem Blute erkaufte. Die Sünde ist das Werk der menschlichen Bosheit. Gott verabscheut sie mit unendlichem Hasse, weil sie seiner Heiligkeit widerstrebt und feindselig ist gegen den Menschen, sein lebendiges Ebenbild. Du hassest die Schuld? Der Himmel gibt dir das Beispiel und lehrt dich, inwiefern du Haß tragen sollst. Kündige ihr ewigen Krieg an und halte sie fern von dir und deinen Brüdern. Verbanne sie aus ihrer Mitte. Der Allmächtige stieg vom Himmel herab, um sie von ihrem harten Joche zu befreien; er brachte hienieden seine Tage in beständiger Arbeit zu und gab endlich in schrecklicher Qual sein Leben dahin, um sie von seinen Geschöpfen zu verbannen. Aber nicht von allen fordert er, daß sie eines so grausamen Todes sterben. Aber hier bleibst du schwankend und unentschlossen stehen? Eine stille Trauer verbreitet sich über dein Antlitz. Du erstarrst? Vor diesem Beispiele des Hasses gegen die Sünde erlischt dein Haß gegen sie, statt daß er entbrennen sollte? Ach, du kannst hassen, wenn der Haß eine wilde Leidenschaft ist, und kannst es nicht mehr, wenn er reine Tugend ist! Du bist bereit, das Laster zu bekämpfen, wenn man von dir bloß eine Aufwallung des Zornes verlangt, ein schnell entzündetes Feuer in deinem Herzen, wenn der Angriff deinem Nebenmenschen gilt; aber du ziehst dich zurück, wenn du sie verschonen sollst, wenn man von dir nicht Äußerungen der Wut, sondern Anstrengungen fordert, um in ihnen das Reich der Sünde zu zernichten und sie für Gott zu bewahren! Weder verabscheust du die Sünde, noch liebst du deinesgleichen, und wenig oder gar nicht kümmert dich die Ehre des Herrn.

Ein grimmiger Bär fällt deinen Bruder an und hält ihn fest mit seinen grausamen Tatzen, um ihn zu zerreißen. Du stürzest dich bewaffnet auf ihn los; ich billige deinen Mut, deinen tapferen und schleunigen Beistand. Aber was beginnst du, Unglückseliger? Welche Wut treibt dich an, mit dem wilden Tiere zugleich auch den Menschen zu morden? Trenne sie von einander und werde kein Menschenmörder. Dein Haß erstrecke sich auf das wilde Tier allein, nicht aber auf den Unglücklichen, der dir teuer sein muß. Die Liebe zu diesem soll deine Wut mäßigen. Behutsam gehe zu Werke; erlege die Bestie; aber rette denjenigen, der in die Klauen geraten ist.

Wenn es wahr ist, oh Mensch, daß du die Sünde hassest, so bestrebe dich, sie auszurotten; aber dazu treibe dich die Liebe des Schöpfers und seines Geschöpfes, dessen Rettung ihm so sehr angelegen ist. Es falle das grausame Untier; aber verschont sollen bleiben diejenigen, für welche der König des Himmels sich selber hingegeben hat.

Die Tugenden sind Zwillingsschwestern, nimmer herrscht unter ihnen Zwietracht. Der Eifer ohne Nächstenliebe ist falsch. Der wahre Eifer ist nichts anderes als eine heilige Liebe, Liebe unter verschiedenen Namen. Diese ist ein reines Feuer, das in unserem Busen brennt und zum höchsten Gute emporstrebt; sie ist eine brennende und leuchtende Flamme, die nach ihrem Mittelpunkte hin sich bewegt, ihre Wärme um sich her verbreitet und jedes Hindernis besiegt; sie wächst, aber sie ändert sich nicht. Gott muß man lieben, weil er liebenswürdig ist, weil er´s gebietet. Auch den Menschen muß man lieben, weil Gott ihn liebt, weil er es gebietet. Die heilige Liebe erfüllt diese doppelte Pflicht. Der Eifer, stets getreu dieser hohen Dienerin des Himmels, unterstützt emsig diese doppelte Sorge und weiht ihr sein himmlisches Feuer. In wessen Herz der echte Eifer glüht, der liebt ebendarum die Menschen bereitwilliger und beharrlicher, weil er seinen Gott, der ihm dieses gebietet, standhaft liebt.

Aber Pinehas, Moses rächten doch streng die Beleidigungen Gottes … Vergebens suchst du mit diesen Beispielen aus der Vorzeit deinen bitteren Eifer im Neuen Bunde zu rechtfertigen. Dort forderte das göttliche Gesetz Blut, hier aber Barmherzigkeit; jene Verfassung war für die Sklaven, wir aber sind die Kinder des Hauses; bei ihnen herrschte die Furcht, bei uns die Liebe. Und wenn du nach der Ankunft des Heilandes irgendwo einen Pinehas antriffst, vom Himmel erweckt, so hüte dich, daß dein Unmut dich nicht hintergehe, daß du nicht das Heilmittel in Gift verwandelst. Der höchste

Gesetzgeber und Lenker aller Dinge ist immer Herr über seine Gesetze und kann sie jeden Augenblick wieder aufheben. Zuweilen leitet er die Natur auf unbekannten Wegen, damit die Welt es erkenne, daß alles ihm unterworfen sei und daß alles vor seiner allmächtigen Stimme sich beugen müsse. So verkünden die Fluten des Arabischen Meerbusens, die sich zerteilten und wie Mauern auftürmten, so verkündet die Sonne, welche über die gewöhnliche Tageszeit über dem Horizont stehen blieb, und das Feuer, welches im glühenden Ofen die Gerechten nicht verletzt, und die Löwen, die wie zahme Lämmer den guten Propheten umringen, sie verkünden es der Erde, daß sich Gottes Herrschaft über die ganze Natur erstreckt. Wie in der sichtbaren Welt, so herrscht er auch mit unumschränkter Gewalt im Reiche der Gnade. Da siehst du die geizigen Lügner vor den Füßen des Petrus niederstürzen. Schon entbrennst du von zerstörendem Eifer gegen die Übeltäter. Halt´, lerne besser die Ratschlüsse Gottes erkennen. Er zeigt dir da ein abschreckendes Beispiel, nicht aber ein Muster der Nachahmung. Dieses ist dir aufgestellt in seinem Gesetze und dieses Gesetz ist ein Gesetz der Liebe, welches dir gebietet, alle Menschen zu lieben. Es ist unabänderlich, ewig, und nur der kann es aufheben, der es gegeben hat. Wenn du nun nicht imstande bist, die Sonne in ihrem Laufe aufzuhalten und das Meer zu zerteilen, es sei denn, der Ewige gebiete dir dieses und gebe dir die Macht dazu, warum willst du unter dem Scheine des Eifers deine Brüder hassen, solange nicht Gott selbst durch außerordentliche Zeichen sein Gesetz der Liebe aufhebt und das für erlaubt erklärt, was vorher verboten war? Wie glühend auch dein vorgeblicher Eifer sei, er ist nur ein schwacher Funke in Vergleich mit dem Eifer desjenigen, der aus reiner Liebe vom Himmel herabgekommen ist.

Du Lamm Gottes steig´ herab, um die Beschimpfung der ewigen Majestät zu tilgen und ihr die Ehre wieder zu geben, nicht durch den Untergang der Sünder, nicht durch Schlachtopfer, die die ganze Erde bedecken. Du kamst hernieder und botest den Übertretern Verzeihung an und ludest die schuldbeladene Menschheit zum Heile ein und verfolgtest ohne Unterlaß die Spur derjenigen, die fern von Gott wandelten; gabst dich ihren Mißhandlungen preis, damit sie nicht zu Grunde gingen. Das einzige Schlachtopfer in dem unsterblichen Werke der Erlösung war nicht ein Schuldiger, sondern ein freiwilliges und unschuldiges Opfer war derjenige, der von unendlichem Eifer für Gottes Ehre brannte, du, oh liebenswürdiger Herr, du warst es selber. Du unternahmst das schwere und mühevolle Werk, uns in den Himmel einzuführen. Du trugst für uns Mühe und Arbeit, du trugst die Strafe unserer Bosheit. Du starbst vom Schmerz aufgerieben; aber du stiftetest Versöhnung zwischen Gott und dem Menschen. So war das Werk des größten Eifers auch das Werk der größten Liebe gegen den Menschen.

Aber wir tragen in unserem Busen einen unseligen Keim, der alles verdirbt mit seinem geheimen Gifte, einen blinden, verborgenen Hochmut. Der Mensch zürnt dem Sünder, weil er sich selbst für besser hält und auf den Gipfel der Tugend gekommen zu sein wähnt, wenn er sich aufrafft, um ihn zu steinigen, möge jeder insgeheim sein Herz fragen, ob es dem göttlichen Gesetze stets treu geblieben, und wer sich dann unschuldig findet vor den Augen des Allerhöchsten, der werfe den ersten Stein. Hier legt sich das Geschrei derer, welche für den Sünder Rache schreien. Ich sehe, wie sich die falschen Eiferer, einer nach dem anderen, schweigend und beschämt zurückziehen. Ihr Gewissen spricht ihnen ernstlich genug zu. Und wenn einer es wagte, zu behaupten, er sei nicht wie die anderen Menschen, er habe keine Sünde auf sich, so höre ich eine furchtbare Stimme vom Himmel donnern, die ihn der Lüge zeiht. Oh du, wer du immer seiest, den das Bewußtsein anklagt, beuge demütig dein Haupt vor dem Allerhöchsten. Du verlangst, daß er Nachsicht habe mit deinen Fehltritten. So beweise denn dem Nebenmenschen dieselbe Barmherzigkeit, die du vom Himmel verlangst. Erfüllt dich die Sünde eines anderen mit Unwillen und verhärtet sie dein Herz gegen deinen Bruder, so zürnt der Himmel auch über deine Fehltritte und verwirft dein Gebet. Mit welchem Maß du ausmissest, wird dir von anderen eingemessen.

Und du, der du dich für rein hältst vor demjenigen, vor dessen Angesicht selbst die Himmel nicht rein sind, der du dich in unsinnigem Stolze über deinesgleichen erhebst, halte dich nicht für besser als deinen schwächeren Mitbruder. Wenn er an seiner Krankheit selbst schuld ist, so ist dein Heil nicht dein eigenes Werk, es ist ein Geschenk von oben, vom Geber alles Guten. Gib ihm seine Wohltaten zurück, und du wirst finden, daß du wie andere ein Bettler bist.

Das schwache Auge des Menschen glaubt oft Tugend zu sehen, wo nur Scheintugend ist. Mit Unrecht rühmt sich der Krieger, welcher, in einer Festung eingesperrt, nie den Feind gesehen hat, der Wunden, die er in hundert Schlachten empfangen. Du rühmst mir deine Tapferkeit, weil du dich wohl befindest. Wechsle dein Schicksal mit dem, welchen du verachtest; vor dem Himmel erscheinst du vielleicht weit schlimmer als jener. Um niederträchtiger zu erscheinen als jener, fehlt dir vielleicht nur der Friede, worin jener lebte. Hättest du jenen schlüpfrigen Weg gehen müssen, vielleicht wärest du häufiger noch ausgeglitten als er. Unter deiner Hülle war er vielleicht ein Engel, und du bist unter der seinigen vielleicht ein Teufel.

Unerforschliche Ratschlüsse der ewigen Weisheit! Wer kann von dieser Erde seinen Geist zu dir erheben, ohne den Keim des Übermutes, zitternd beim Bewußtsein der eigenen Richtigkeit, zu ersticken? Der Ewige allein sieht die Schwere der menschlichen Vergehen, er allein unterscheidet die Grenzen menschlicher Tugend. Wer da aufrecht steht, verachte nicht den, der danieder liegt. Es ist jetzt noch früh; im Verlaufe des Tages kannst du vielleicht selbst danieder liegen und den anderen aufrecht sehen. Jeder hat Ursache, zu fürchten. Holde Bescheidenheit und Liebe macht den Menschen mitleidig gegen die Wunden eines anderen, die jeden Augenblick auch ihn treffen und in die Lage versetzen können, daß er des Mitleides bedarf, das er jetzt stolz verweigert.

Oh ihr, die der König des Himmels an seiner Statt auf die Erde gesetzt hat, um die Seelenkrankheiten zu heilen, entfernt euch nicht von dem Wege desjenigen, der euch zu seinen Dienern gemacht hat. Um den Menschen von den tödlichen Pestbeulen zu befreien, bedarf es wohl zuweilen eines heilsamen Einschnittes, nicht aber des Grimmes und der grausamen Schläge, sondern der helfenden Kunst und der erfinderischen, geduldigen Hand des Arztes. Der Starke ertrage die Schwäche des anderen, der Gesunde zürne nicht, sondern reiche dem kranken Arznei. Der Himmel trägt langmütig die Bosheit des Menschen; auch der Mensch soll sie ertragen. Der Himmel wartet auf den, welcher taub ist gegen die Stimme, die ihn vom Laster wegruft; er erwartet die Zeit, daß er sich endlich beuge und Erbarmung verdiene. Der Mensch soll sich nicht grämen, wenn sein Mitbruder sich nicht sogleich seinem Wunsche und der Sorge für sein Heil ergibt. Er soll nicht sogleich sich beleidigt fühlen und das edle Unternehmen zu seiner Rettung aufgeben; der Hartnäckigkeit soll er Standhaftigkeit entgegensetzen und durch seine Güte die Bosheit des anderen besiegen.

Oft bietet der Mensch kühn den Gefahren Trotz, weicht aber den Anfällen der Ungeduld. Größere Tapferkeit ist es, seine eigenen Neigungen zu beherrschen, als feindliche Festungen zu bestürmen und Städte zu erobern. Wer der Sklave einer unbändigen Leidenschaft ist, nennt sich vergebens einen Völkerbesieger. Der ist wahrhaft Herr, der sein Herz in der Gewalt hat. Der edelste Sieg ist der, den wir über unser eigenes Herz gewinnen; der glänzendste Triumph ist derjenige, zu dem wir durch Selbstbekämpfung gelangen. Möge doch der Mensch von Fleisch und Blut nimmer in liebloser Flamme erglühen! Steig´ herab, Geist Gottes. Geist der Liebe, steig´ herab zu uns und erfülle unser Herz mit der wohltätigen Glut des heiligen Eifers, der die Sünde bekämpft, aber den Sünder verschont, der die Krankheit verbannt und die Kranken neu belebt.

Ihr Diener des Herrn, ihr Boten der ewigen Erbarmung hienieden, auserwählt, um die Stadt Gottes dort oben mit kostbaren, heiligen, lebendigen und unvergänglich Steinen zu erbauen, euch ist es aufgetragen, sie zu bearbeiten, und zum erhabenen Baue zu ordnen. Oh, laßt sie nicht darum, daß sie zuweilen schmutzig und befleckt sind, aus Trägheit und Unwillen verächtlich und zerstreut an jeder Straßenecke liegen. Der König des Himmels reinigte sie durch sein Blut; möget ihr wenigstens mit euerem Schweiße sie reinigen. Mit frommer Anstrengung setzet ihr sein großes Werk hienieden fort. Er begleitet dasselbe vom Himmel herab mit dem Geiste der Liebe, der die Welt erneuert. Seid so gesinnt, wie der Herr, dessen Gesandte ihr seid. Will das ungelehrige Schaf die Hürde verlassen und nicht mehr merken auf den liebevollen Ruf des Hirten? Nein, es will die Strafe seines bösen Sinnes nicht tragen. Der gute Hirt gab für dasselbe sein Leben. Er läuft ihm nach und holt es ein, weil es ihm so teuer ist. Nicht mit Gewalt schleppt er´s zur Hürde. Der gute Hirt trägt es liebevoll auf seinen Schultern heim. Er scheut keine Mühe und bei seinem Heimgange vertraut er euch das Heil desselben an. So sind denn seine liebevollen Sorgen die eurigen und sein Beispiel ist euer Gesetz.

Fünfzehnte Nacht

Wohnsitz der Geister

L iebe Mutter, du hast die Schuld der Natur bezahlt. Zerrissen ist das Band, zerstört der Kerker, der dich hienieden umschloß, frei und ungehindert erschwingst du dich in höhere Regionen. Aber hast du mit diesem Wechsel der Wohnung auch deine Gesinnung geändert? Gedenkst du noch in deinem jetzigen seligen Aufenthalte desjenigen, der dir hienieden so viel Kummer verursachte? Erinnern sich noch die Bewohner des Himmels an dasjenige, was ihnen hienieden zu Herzen ging, oder steigen unsere Sorgen nicht so hoch hinauf, legen wir vielleicht mit der irdischen Hülle auch die irdischen Vorstellungen ab? Teure Mutter, nach dir sehnt sich mein Herz; an dich erinnert mich nicht mehr vernunftloser Schmerz, nicht mehr der Gram, dich in deiner gewöhnlichen Gestalt nicht mehr zu schauen, sondern der Anblick des Himmels und das Verlangen nach Weisheit. Oh du, die du wenige Tage vor deinem Hinscheiden aus diesem Lande des Elendes mit so heißer Sehnsucht mir von den ewigen Gütern redetest, jetzt, da du sie genießest, komm´ und erzähle mir von dem, was ich im sterblichen Fleische nicht schauen kann. Aber wo bist du? Siehst du mich? Hörst du mich?

Wie weit von hier ist dein Aufenthalt? Wohnst du innerhalb des sichtbaren Weltalls? Wohnst du in jener blauen Höhe, wo sich die Sterne verlieren, oder über den Grenzen des Firmamentes? Wo ist das Land der Glückseligen, wo die Wohnung der Verklärten? Befindet sie sich innerhalb jener Räume, welche die Sterne beleuchten, oder in einem entfernteren Teile der unermeßlichen Schöpfung? Oh, wie vergrößern sich meine Gedanken! Wie fühle ich mich über mich selbst erhoben! Mein Gedanke erhebt sich und eilt beflügelt in unbekannte Regionen. Er sucht und findet tausend neue Länder über der sichtbaren Welt, und je höher er steigt, desto weiter eröffnet sich vor ihm das Feld. Aber ewiger Gott! Ist dies nicht ein bloßer Traum? Großer Traum, großes Gesicht! Aber wenn ich dann erwache, wie wenig hat dieser Traum die Wahrheit erreicht! Wie Großes der Mensch sich auch denken mag, das Verhältnis zwischen unserem Gedanken und der Macht Gottes ist noch geringer, als das Verhältnis zwischen einem Sonnenstäubchen und der Welt. Ein Wink vom Allmächtigen, sieh´ da steigen aus dem Nichts hervor tausend größere Welten, tausend größere Wunder, als irgend ein endlicher Verstand sich in Jahrtausenden denken kann.

Also wäre mein Traum doch wahr? Und es existierten wirklich die großen Welten, die ich eben sah? Wer weiß, wie weit sich die Werke des Herrn erstrekken? Wer hat sie je gemessen? Wer kennt die Grenzen zwischen der Schöpfung und dem Nichts? Hier sind wir nur in einem elenden Verbannungsorte; dennoch dehnt sich die Erde, auf die wir gebannt sind, in so unermeßlichem Umfange aus. Wie groß muß das Vaterland sein, das unserer wartet! Die Heimat, in der wir uns befinden, so lange wir sterblich sind, ist nur der Aufenthalt für unseren Körper, und dieser kann sie nicht ganz durchlaufen; zu einer so großen Reise ist sein Leben zu kurz. Wie weit wird sich denn die Wohnung unseres Geistes ausdehnen, welcher der edelste Teil von uns ist, und in schnellem Fluge eilt und eine Ewigkeit durchlebt? Hienieden sind wir blind und wohnen in dunkler, finsterer Lehmhütte. Und obgleich blind und im Dunkeln sehen wir doch schon so vieles von den Werken des Herrn. Wie groß werden dann nicht jene Werke sein, die wir einst im Reiche des Lichtes schauen werden; wie weit werden sich jene schönen Gefilde ausdehnen, die uns jetzt noch verschlossen sind? Erreiche ich´s, oder folg´ ich nur einem trügerischen Wegweiser in jenes Land, das so fern liegt? Verbirgt mir nicht der Allerhöchste den größten und schönsten Teil der Schöpfung, um sie einst zu einer neuen Wonne mir zu enthüllen? So will ich glauben, und in diesem Glauben bestärkt mich die heilige Schrift. Wenn also einst der Tod meinen Geist vom Körper trennen und diese meine Sinne im Grabe auslöschen wird, so werde ich sie bei der Auferstehung vollkommen wieder erhalten mit eben diesem Körper, der alsdann geistig und unverweslich sein wird. Dieser Körper, alsdann verklärt, verwandelt und nicht mehr Hindernis des Geistes, der er jetzt umhüllt, wird das weite Gebiet der sichtbaren Dinge durchwandern, bei jedem Schritte neue Wunder der göttlichen Allmacht anstaunend. Bald wird er sich versenken in tiefe Betrachtung eines Meisterwerkes der Schöpferhand, bald in eiligem Fluge blitzesschnell den gestirnten Himmel von einem Pole zum anderen durcheilen, um andere Gegenstände zu bewundern, aus denen ebenso sehr die Weisheit und Macht des Schöpfers hervorleuchtet.

Wie wenn ein Kind, das noch nie die väterliche Wohnung verlassen, von einem anderen das grünende und mit schönen Frühlingsblumen geschmückte Ufer entlang geführt wird; voll Freude bleibt es stehen bei den ersten Blumen, die es antrifft, und die sein noch unge-übtes Auge in Erstaunen setzen, emsig sammelt es davon ein, so viele seine zarten Hände fassen können. Aber sieh´, nach wenigen Schritten findet es wieder neue. Vor Freude außer sich betrachtet es bald die einen, bald die anderen, und bleibt unschlüssig, welche es für schöner halten soll. Endlich wirft es, wiewohl ungern, die ersteren ins Gras hin und pflückt sich die anderen. Aber kaum hat es sich aufgerichtet und seinen Weg verfolgt, da begegnen seinem Blicke wieder andere in großer Menge, die es vorher nie gesehen und setzen es von neuem in Verlegenheit. So schreitet es vorwärts und bei jedem Schritte wird es aufgehalten und hüpft vor Freude und Verwunderung, bis es zuletzt an eine große Wiese gelangt, die seinem Auge einen unermeßlichen Teppich von tausend und abermal tausend bunten Blumen entfaltet. Dann wirft es seinen erstaunten Blick bald hierhin, bald dorthin und schlägt in die Händchen und kann sich nicht satt sehen und kann nicht von der Stelle kommen. Aber wie wäre es, wenn gleich auf die-sen Anblick in unermeßlicher Ausdehnung und weiter, als sein Auge reicht, sich königliche Luftgärten vor ihm eröffneten? Und wenn es nun nicht mehr hin und wieder zerstreute, sondern künstlich gesammelte, nicht mehr wilde und gewöhnliche, sondern wunderschöne und fremde Blumen erblickte, hier unter edlen Gewächsen, oder auf künstlichem Rasen, dort auf Gesträuchen, in langen Reihen geordnet, dort unter dem frischen Strahl des murmelnden Wassers, hier an dem Ufer eines klaren Baches, dort unter Kunstgebilden aus Marmor? So wird der unsterbliche Mensch mit Windesschnelle die dem irdischen Menschen unbekannten Regionen durcheilen und wird mit jedem Schritte neue Blumen des Vergnügens und des Staunens sammeln, während sein Geist, nicht mehr von Finsternis umhüllt, sondern ganz entfesselt, rein und mit himmlischem Lichte bekleidet, die ewige Wahrheit ohne Hülle schauen wird.

Fern ihr alle, deren Luft im Sinnlichen beruht und denen das Geistige zu hoch steht, denen die Vernunft eine lästige Gebieterin und denen der Glaube unbekannt ist. Fern ihr alle, die ihr den Tag hasset, der dem Menschen hienieden seine Zukunft enthüllt. Euere Gedanken streifen an der Erde, sind durch die Zeit beschränkt und dürfen sich nicht dorthin erheben, wohin mich jetzt ein überirdischer Glanz einladet. Ich suche nicht mehr den körperlichen Wohnsitz der seligen Bürger, suche nicht mehr das Gebiet des neuen Himmels und der neuen Erde, die ihrer beim Hinscheiden aus diesem armen Leben harren; ein anderer Wohnsitz zieht meine Gedanken auf sich hin, der Wohnsitz ihrer Geister. Dieses Gebiet durcheilen seine Bewohner mit Blitzesschnelle und kommen ewig an kein Ende. In Vergleich mit diesem Gebiet ist alles Erschaffene nicht, da gibt es weder Raum noch Zeit, noch Materie. Alles ist unendlich, und dieser große Wohnsitz ist Gott.

Oh Meer, in dem sich alles verliert, was da groß genannt wird, bodenloses, uferloses Meer, wer kann deine unermeßliche Größe beschreiben, wer deine Tiefen ausmessen? Nicht nur alles wirklich Erschaffene, auch die unzählige Menge möglicher Wesen, alles ist in dir einbegriffen. Alles, was da ist, ward durch deinen Willen aus dem Nichts hervorgezogen; alles bestand schon vorher in dem Schatze deiner Allmacht und Weisheit, und auch jetzt umfassest du alles wie das Sandkörnchen im ungeheuren Weltmeere. Der Gerechte, der Vollkommene, der in dem anderen Leben keine Makel zu tilgen hat, schließt seine Augen dem gegenwärtigen Leben und öffnet sie einer ewigen Freude. Dort sieht er alles ohne Hülle; er schaut den Ewigen, dessen Bild er ist, und wird vor Freude entzückt ... Oh, in dieser sterblichen Hülle fühle ich mich schon jenem erhabenen Ziele nahe. Die Hülle sinkt, der Geist zerbricht seine Bande, schon tauche ich mich in die Tiefen der Gottheit, die sich mir offenbart.

Wo bin ich? Was seh´ ich? Welche neue Aussicht eröffnet sich meinem Geiste? Was für neue Sinne empfang´ ich auf einmal? Ein neues Licht strahlt mir vor den Augen und umglänzt mich und macht mich zu einem höheren Wesen. Oh unendliche Weisheit, die du offen und ohne Hülle mich umgibst! Welch große Gestalten erheben sich rings um mich her? Welch eine endlose

Verkettung von Wirkungen und Ursachen, die ich früher nicht kannte? Wie viele Wesen, die ich mir nimmer denken konnte? Wie viele Klassen unbekannter Gegenstände und neuer ungeahnter Wesen? Wie viele höhere Welten, die erst werden sollen? Ach! Was waren doch meine Sinne, meine Vorstellungen, meine Vernunft und der kurze Inbegriff meines Wissens? Oh wie düster und enge war meine Höhle! Was für ein Land bewohnte ich? Ich war blind; nun aber sehe ich und je weiter ich wandere, desto mehr finde ich zu bewundern. Wo ist mein früherer Aufenthaltsort, die Erde, die mir bekannte Welt? Ist es jener Punkt? Und wo ist die Zeit? Das ist der andere Punkt, der Maßstab von jenem. Vergangenheit, Gegenwart, Zukunft, verflossene und zukünftige Jahrhunderte, große Namen sind darauf beschränkt und verlieren sich und sinken in dieses unermeßliche Meer. Von allen Seiten bedeckt sie die Unendlichkeit, und die Ewigkeit verschlingt sie in ihren bodenlosen Abgründen. So laßt uns denn weiter gehen und das Ende dieser großen Wunder schauen. Aber immer größere Erscheinungen, Wunder auf Wunder. Wo endigt sich dieses Meer von Wundern? Ich gehe, und komme doch nicht von der Stelle. Schon hat die Sonne, die mein irdisches Vaterland beleuchtet, tausend und tausendmal ihren großen Lauf durch die zwölf Zeichen vollendet, während ich hier voranstrebe und ich bin noch keinen Schritt weiter gekommen. Immer noch habe ich unermeßliche Räume zu durchlaufen. Ich schaue und beobachte und bringe im Schauen Jahrhunderte zu, und immer ist's, als hätte ich erst diesen Augenblick angefangen. Jeden Augenblick quillen tausend und tausend neue Gegenstände aus dem unerschöpflichen Born, und die Quelle nimmt nicht ab, versiegt nicht, sie strömt ewig fort. Ach, ich bin nicht mehr im Reiche der Endlichkeit, rings umgibt mich das Unendliche, das ist meine Wohnung. Hier wird doch endlich mein Geist, immer lüstern nach neuen Gegenständen, gesättigt; hier wird mein unauslöschlicher Durst nach Weisheit endlich gestillt ... Welch eine dreifache und doch einfache Sonne, die alles erleuchtet, hervorbringt, belebt und umgibt! Oh, ich kann den Glanz dieses Lichtes nicht ertragen. In Vergleich mit diesem Lichte ist die Sonne, die den Erdball erleuchtet, dunkle Nacht. Oh welch ein vielfacher, wunderbarer Glanz! Mit ihm verglichen hat der glänzende Regenbogen nur Eine Farbe. Ist das die ewige Weisheit, die so glänzt? Ist das die Gerechtigkeit, die in so mannigfaltigem und doch unzerteiltem Lichte strahlt? Ist das die Güte, die dieses Licht und diese Wärme verbreitet? Sieh´ da den Urquell so großer Wunder, den Urquell der Weisheit und Tugend. Ist dieses das göttliche Antlitz, das Urwesen? Oh Größe! Oh Schönheit! Oh Majestät! Wo finde ich eine Sprache, wo Worte, mich auszudrükken? Ihr himmlischen Wesen, ihr Geister, die ihr in diesem unermeßlichen Meere schwimmt, welche Sprache redet ihr? Wie nennt ihr hier denjenigen, den Adams schwaches Geschlecht auf Erden Gott nennt? Aber keiner gibt mir Antwort; keiner merkt auf meine Worte. Alles ist hier stumm vor dem höchsten Wesen, alles in ihn versunken, und kein Laut ertönt. Hier ist nicht mehr das Land der Bilder, der Allmächtige hat keinen Namen, der ihn würdig bezeichnet. Die einzige Sprache, die hier gilt, ist Liebe, Freude, Ehrfurcht, Bewunderung, Erstaunen. Hier schaut man und wird des Schauens nicht müde. Die unzähligen Scharen der seligen Geister sind seit Jahrhunderten in Betrachtung des höchsten Wesens, der Quelle ihrer Seligkeit, versunken, und immer ist es noch der erste Augenblick, und noch keiner konnte sich ein Bild von ihm entwerfen. Für ein geschaffenes Wesen reicht die ganze Ewigkeit nicht hin zu einem bloßen Entwurfe. Gott allein schaut und begreift sich vollkommen.

Großer Gott! Wer bist du doch? Wer darf sich rühmen, dich zu kennen? Niedergedrückt von der Größe deiner Majestät fühle ich meine Nichtigkeit. Solange ich mich mit geschaffenen Wesen vergleiche, glaube ich etwas zu sein; aber vor dir bin ich nur ein Sonnenstäubchen. Solange ich mein eigenes Wesen und meine Fähigkeiten betrachte, scheine ich etwas Großes an mir wahrzunehmen. König der Erde ist ein Titel, der meiner Eitelkeit schmeichelt. Groß scheint mir der Geist, der ganze Königreiche, der die Tiefe des Meeres und die Dauer von Jahrhunderten umfaßt. Aber vor deiner Größe verliere ich mich, ich verschwinde und mit mir verschwindet mein Gedanke. Wo ist nun der Schauplatz des Ruhmes für den Menschen, der sich groß dünkt ohne Gott; wo ist der Held der Erde, wo der Eroberer, wo der König? Hier ist die ganze Welt verschwunden, und doch will der Mensch noch etwas großes sein? Oh, die einzige Größe des Menschen besteht darin, daß er fähig ist, sich zu dem zu erschwingen, der allein groß ist.

Die höchste Höhe, zu der ein endliches Wesen hinaufsteigen kann, der höchste Flug des vernünftigen Geschöpfes besteht darin, daß es im Gefühle seiner Nichtigkeit vor dem Allerhöchsten niedersinke. Der Mensch, der diese große Probe nicht besteht, ist nichts. Wie weit auch immer sein Lob erschallen mag in dem Lande, das er bewohnt, er bleibt dennoch ein Insekt ohne Flügel, ein blinder Wurm und nichtiger Staub. Er hat nicht einmal einen Begriff von wahrer Größe und sein Hochmut offenbart seine Niedrigkeit.

Aber ach! Da komm´ ich wieder zurück zu meiner finsteren Höhle. Ach! Da find´ ich mich ja wieder ganz ermattet auf der Erde. Welch ein schauerlicher Aufenthalt! Oh welch eine schwere Last muß ich hier tragen! Oh wie elend komm´ ich mir selber vor in diesem niedrigen Zustande! Welche Finsternisse von außen! Welche Blindheit von innen! Meine körperlichen Augen sehen bloß sinnliche Dinge. Der Blick meines Geistes ist begrenzt und mit dichtem Gewölk umhüllt. Bin ich noch derselbe, der sich schon in seiner ewigen Wohnung befand? Doch ich bin es wirklich; aber wie ist mein Zustand verändert! Oh welch ein Unterschied ist zwischen diesem unglückseligen Lande und dem Aufenthalte der seligen Geister! Dort ist alles klar; hier alles in nächtliches Dunkel gehüllt. Wir sind hier nicht in unserem wahren Elemente. Alles hienieden hat sich verschworen, uns zu den sinnlichen Dingen herabzuziehen. Eine irdische Hütte, eine dunkle, enge Wohnung, einem Kerker gleich, umschließt uns.

Bin ich nicht ein Geist? Bin ich nicht geschaffen zu einem höheren Zweck? Hienieden wohne ich als ein unglückseliger Gefangener, als ein verlassener Einsiedler. Tausend Mühseligkeiten und Kümmernisse umgeben mich von allen Seiten. Eine dichte und ungesunde Luft drückt mich zu Boden und erstickt mich. Wie viele Seuchen, wie viele schreckliche Todesarten drohen mir nicht! Welche verpestete Dünste steigen auf, mich zu vergiften! Wie viele Schlingen sind mir gelegt! Vor wie viel Fallstricken muß ich mich hüten! Ich bin zu kurzsichtig, um die Abgründe zu erkennen; der Schein trügt und die Täuschung ist verführerisch. Keinen Augenblick bin ich hienieden sicher, und ich finde nichts, was mich trösten kann. Fern von der Urquelle meiner Seligkeit bin ich genötigt, mit den Bewohnern der Erde und mit irdischen Dingen mich zu beschäftigen. Welch eine niedrige Beschäftigung, und doch hat es Gott zu meinem Besten so gewollt. Aus eigener Kraft bin ich nichts, finde auch nichts an diesen niedrigen Dingen. Alles weiß und erfahre ich vermittelst anderer. Darum sind mir die Sinne als Werkzeuge beigegeben. Sie sind meine Diener, meine Boten. Selbst die Seelen der Menschen sind hienieden von einander getrennt durch die sterbliche Hülle, haben mit einander keine Verbindung, sind sich unsichtbar und unbekannt. Nur durch die Sinneswerkzeuge verstehen sie sich und teilen sich einander mit. Durch ihre Vermittlung schließen sich die Geister aneinander; alles geschieht durch sie; überall bedürfen wir ihrer, überall verlassen wir uns auf sie. Gott allein, unser Urheber und unser Ziel, behielt sich hienieden einen unmittelbaren Verkehr mit unserem Geiste vor und würdigt ihn seines Umganges. Er allein spricht zu unserem Geiste, unabhängig von den Sinnen, und leitet ihn nach seinem Wohlgefallen. Er ist allein sein rechtmäßiger Herr, er allein sieht ihn unverhüllt und schaut seine verborgenen Gedanken. Und wenn er zuweilen zu unseren Sinnen spricht, so hat er keine andere Absicht, als uns auf seine innere Stimme, auf seine unsichtbaren Werke aufmerksam zu machen, und sich zu unserem dermaligen armseligen Zustande herabzulassen. Erhabener Verkehr zwischen Gott und dem Menschen, Majestätsrecht unseres Schöpfers, göttlicher Vorzug der vernünftigen Wesen auf Erden, du bist in diesem Zustande mein einziger Trost. Durch dich genießen wir schon unsere eigentliche Bestimmung, durch dich bewohnen wir schon unsere ewige Heimat. Durch dich sind wir den seligen Geistern gleich, nur daß jene ohne Hülle schauen, was uns verborgen ist. Oh, wie ich mich da von neuem erhoben fühle! Da seh´ ich in mir den glücklichen Keim der künftigen Größe. Ihr Bewohner der Erde, ihr Vögel der Luft, ihr Fische des Wassers, ihr zahmen und wilden Tiere und all ihr Geschöpfe dieser Erde, mir gebührt Achtung und Ehrfurcht. Wiewohl ich unter dieser niedrigen Hülle euch gleich scheine, so bin ich doch ein himmlischer Geist, der diesem irdischen Aufenthalt Ehre bringt, ein Engel, der ungekannt unter euch umherwandelt. Aber was sag´ ich? Zu wem sprech´ ich? Mit Unrecht beklag´ ich mich über euch, ihr unschuldigen Geschöpfe. Ich selbst achte mich nicht gehörig. Ihr seid mir unterworfen; ihr seid dem Menschen untertan und gehorsam, wie Gott es verordnet, und wenn ihr euch gegen uns empört, so sind wir selber Schuld daran; denn ihr ahmet uns nach. Wir sind die einzigen Geschöpfe, die diese Erde entweihen. Der Mensch gab das erste Beispiel der Empörung, indem er sich gegen Gott auflehnte; und wenn ihr dem Menschen den Gehorsam versagt, so geschieht ihm Recht. Ihr straft ihn für sein Vergehen gegen den Herrn, ihr vergeltet ihm, was er seinem Schöpfer getan, und das auf Gottes Anordnung. Und was tut ihr uns denn auch Übels, ihr unschuldigen Geschöpfe? Wohl könnt ihr mein Kleid zerreißen; aber mein eigentliches Wesen nicht verletzen. Ich allein verletze und beschimpfe in mir den Menschen, ich erniedrige das englische Wesen in mir zur niedrigsten Sklaverei und ertöte es. Oft verleite ich es zur niedrigen Gemeinschaft mit den unedlen Lüsten des Körpers. Ich verlasse die hohe Stufe eines Himmelsbürgers und geselle mich ihnen zu und werde sogar ihr Sklave, um mich mit ihnen von der niedrigen Speise der Tiere zu nähren. Ihr täuschenden und arglistigen Sklaven, ihr möchtet eueren Herrn erniedrigen, um selbst die Herrschaft zu behaupten und eine törichte Freiheit zu erringen. Aber ihr werdet einst büßen für euere Treulosigkeit, der Mensch wird büßen für seine Schlechtheit. Die Zeit wird kommen, da der Allmächtige den Herrscher, den er euch gegeben hat, zurückfordern wird; denn er ist sein Sohn. Und wenn er ihn ausgeartet und einer so hohen Ehre unwürdig findet, weh euch, ihr schmeichelnden und arglistigen Sklaven! Euer Los wird sein, wie das Los eueres Herrn, den ihr verführt habt.

Eine ewige Strafe wird ihn und seinen Anhang treffen. Aber wenn er dem ewigen Herrscher getreu bleibt, so werdet ihr die ewige Belohnung mit ihm teilen.

Letzte Nacht

Erkenntnis seiner selbst und

Rückkehr zu Gott

O h, wie süß ist die Ruhe, wie erquickend der
Schlaf am Ufer nach einer langen und mühse-
ligen Seefahrt! Die Nacht ist in ihrem dunklen
Laufe vorgerückt; der Körper hat ausgeruht, widmen
wir die übrige Zeit den geistigen Dingen.

Aurelius, du bist nun wieder in Afrika und an demselben Gestade, an dem du vor wenigen Jahren nach
Italien absegeltest. Hier täuschtest du damals die Mutter,
die dich begleiten wollte. Hier brachte sie die Nacht in
frommen Gebeten zu, harrend der Morgenröte, um mit
dir abzusegeln. Dieses ist das Ufer, welches sie mit ihren
Tränen benetzte, als sie, die Betrogene, bei Tagesanbruch unser Schiff in der Ferne segeln sah. Ach! Schon
kommen mir die Tränen in die Augen. Wie viele zarte
Erinnerungen drängen sich meinem Geiste auf, wie viele
verschiedene Empfindungen ergreifen mich auf einmal!
Großer Gott, ich habe wohl Ursache, zu weinen. Oh du,
der du im Innersten des Herzens liest, während meine
Tränen fließen, nimm an die stumme Sprache der
schmerzlichen Reue, der Dankbarkeit und Liebe. Als

Feind von dir verließ ich dieses Gestade. Und nun, dir ist's bewußt und Dank sei deiner Barmherzigkeit, kehre ich ganz anders zurück. Du weißt, wie ich dich liebe und wie mein Herz blutet wenn ich daran denke, wer ich gewesen bin. Ihr Geister, die ihr den Thron des Allerhöchsten umringet und die Gebete der Sterblichen als süßen Wohlgeruch ihm darbringet, bringet mein demütiges Flehen vor sein Angesicht. Und ihr Märtyrer, Beschützer von Afrika, ihr Helden von Karthago und Scilla, ihr alle, die ihr dem Herrn euere Treue mit euerem Blute besiegelt habt, seid meine Fürsprecher bei seinem erhabenen Throne. Nur zu lange lebte ich als Empörer gegen meinen Schöpfer. Nun verlange ich nichts mehr, als für ihn zu sterben. Erbittet mir von ihm die Gnade, daß ich diese Erde, die ich entweiht habe, durch mein Blut abwaschen möge. Hier wird noch sein anbetungswürdiger Name gelästert; seine heiligen Geheimnisse werden mit Füßen getreten; seine himmlischen Gaben von vielen verachtet. Die manichäische Pest wütet und stiftet Verderben. Die Wut der Donatisten entreißt der Kirche ihre Kinder. Eine schwarze Schar von Irrtümern führt die Seelen ins Verderben; Der Götzendienst hat noch nicht ganz aufgehört. So große Beschimpfungen meines Gottes machen mir das Leben unerträglich. Ich kann so bittere Dinge nicht länger mehr ansehen. Ich habe mir selbst eine lange Kette von schändlichen Sünden geflochten. Hier soll die Welt auch sehen, wie ich meine Fehltritte widerrufe, wie ich seufzend meine Undankbarkeit und Gottes Erbarmung bekenne, und wie ich aus Liebe zu ihm sterbe. Was anders kann ich dir geben, oh mein Gott, für so viele Beleidigungen, als mein Leben, um andere von der Sünde abzuschrecken? Oh, verschmähe nicht dieses Opfer, wie sehr es auch deiner unwürdig ist. Ich eifere gegen die Feinde deines Namens … Aber was seh´ ich? Welch ein ungewöhnliches Licht umstrahlt mich? Oh Gott, ich bin vor Schrecken außer mir. Welch himmlische Gestalt erscheint mir da im bischöflichen Gewande? Ach! Du bist es, ehrwürdiger Geist des großen Bischofs von Karthago, dich sehe ich wieder und werfe mich ehrfurchtsvoll vor dir zur Erde. Glänzender Blutzeuge der Afrikanischen Kirche, edler Verteidiger des weltbeseligenden Glaubens, großer Cyprian, du hast also im Dunkel des heiligen Grabes, oder besser im Himmel, wo dein Geist wohnt, meine Stimme gehört? Aus Liebe zu demjenigen, für den du in diesem Lande gelebt, hast du mir die Gnade erfleht, daß gleiches Los mich treffe. Möge der Allerhöchste mein Leben zum Opfer hinnehmen! Mögen die Heiden diesen meinen Leib hinopfern und dann dich, ihren Gott, erkennen! Du Märtyrer Gottes, erhöre mein Flehen. Ich weiß, daß mein Blut einer so großen Ehre nicht wert ist. Aber dieser Jammer, dieses in Bitterkeit versenkte Herz möge dein Mitleid erwecken. Du blickst mich freundlich an? Also darf ich hoffen? Ach nein, der Herr sieht nicht auf meine Unwürdigkeit, sondern auf seine große Erbarmung. David beleidigte ihn und weinte und erhielt Vergebung und ward gewürdigt, seine hohen Geheimnisse zu besingen. Petrus beleidigte ihn und weinte und erhielt Vergebung und ward eine Säule der Kirche. Magdalena beleidigte ihn, eilte hin zu seinen Füßen und weinte und erhielt von ihm Vergebung und ward seine zärtlich liebende und keusche Freundin. Hab´ ich meinen Gott mehr beleidigt als jenen, so wird er auch im Verzeihen sich größer beweisen. Blutzeuge Gottes … Aber du zeigst mir eine Posaune und eine Feder und verschwindest … Ewiger Gott! Ich werfe mich nieder in den Staub und bete dich an; voll Erstaunen und Verwirrung, zitternd vor Furcht und Freude … Aber weil du nun einmal mich armen Menschen dieser Erscheinung gewürdigt hast, so laß mich auch darin deinen Willen erkennen. Sprich, oh Herr, zu einem Wurme, der bereit ist, dich anzuhören. Gütiger Gott! Inwieweit hast du mir jetzt schon deinen Willen geoffenbart? Rede, mein Gott, dein Knecht ist bereit, alle deine Winke zu befolgen. Aber da vernehme ich schon in meiner Brust die Stimme des Allmächtigen, ein himmlisches Licht erfüllt meinen Geist. Ich höre, ich verstehe dich, und Himmel und Erde mögen dir für mich danksagen. Du willst, daß ich deine Größe schrift-lich und mündlich verkünde. Ich will sie verkünden. Du willst, daß ich in zweifachem Kampfe die lästernden Irrlehren bekämpfe, die sich wider dich erheben. Ich will sie bekämpfen. Sieh´, mein ganzes Leben ist dir geweiht. Aber du, der du mich jetzt zu dem großen Werke be-rufst, gibst mir auch die nötige Kraft und machst mich tüchtig für den schwierigen Auftrag. Wenn ich, solange ich lebe, den Völkern deinen Namen verkündige, die Lästerungen deiner Feinde auf mich nehme, den Völ-kern deine Größe, dem ganzen Erdkreise deine Güte bekannt mache, so soll die ganze Welt sehen, daß dir allein die Ehre gebührt von allem, was ich tue. Vor allem will ich meine Unwürdigkeit offenbaren und der Welt meine begangenen Schandtaten und meine Undankbarkeit bekennen. Die Nachwelt soll es erfahren, wie Augustin gegen Gott und wie Gott gegen ihn war. Die Menschen will ich keine Wege kennen lehren und darin sollen sie dich lieben lernen. Den Sündern will ich deine liebevollen Absichten offenbaren und sie werden sich wieder zu dir wenden. Aus meinen Missetaten werden sie ersehen, daß du der Gott der Barmherzigkeit bist, und voll Reue, Hoffnung und Liebe dich um Frieden bitten.

Dazu also hast du mich aufbewahrt, da du mein langes Sündenleben ertrugst? Die Engel sind nicht würdig, deine Herrlichkeit zu erzählen, und du würdigst dich, dazu den Augustinus zu berufen? Oh Gott! Nun erkenne ich dich; du Gott der unendlichen Liebe, jetzt sehe ich dich, wie du in den heiligen Schriften erscheinst. Nun erkenne ich den guten Vater des verlorenen Sohnes, der sein Erbgut schändlich verschwendete. Ich erkenne den Undankbaren, wie er zerlumpt, halbnackt, vom Hunger getrieben, die Eicheln mit den Schweinen teilt. Das Elend, der Hunger bringt ihn zur Erkenntnis und zur Rückkehr ins väterliche Haus, und der gute Vater, wie er ihn erblickt, eilt ihm entgegen, fällt ihm um den Hals, umarmt ihn, drückt ihn an sein Herz und benetzt ihn mit seinen Tränen. Armut und Not trieben mein undankbares Herz zu dir; du bestreutest mit Bitterkeit die schlechte Kost, zu der mich meine schuldvolle Flucht erniedrigt hatte. Du ließest meine Seele in

Mangel hinschmachten, während ich fern von dir die Nahrung der Tiere genoß. Mit sinnreicher Liebe beunruhigtest du mich, bis ich zu dir zurückkehrte, der du mein einziger Trost und meine Ruhe bist. Ich eilte hin zu deinen Füßen auf eine seltsame und außerordentliche Weise, geleitet von dir selbst, und oh, wie viel süßer sind die Tränen zu deinen Füßen, als alle Freuden, die man fern von dir genießt! Erkenne, oh Sünder, diesen milden Vater, erkenne ihn und gedenke an die Freude, die deiner, wenn du dich bekehrst, im Himmel erwartet. Warum bleibst du fern von ihm? Was fürchtest du, dich zu diesem Herzen zu wenden? Es liebt dich, und du fliehst vor ihm; es such dich, und du verbirgst dich? Das Mißtrauen, die Furcht, die dich abhält, zu seinen Füßen hinzueilen, ist eine Beschimpfung, eine grausame Beschimpfung seiner Liebe. Du siehst, wie er deinem Ebenbilde, dem verlorenen Sohne, begegnet. Voll Freude führt er ihn in sein Haus und kann nicht satt werden, ihn zu betrachten; die Spuren des Elendes, die er in seinem Angesichte und in den schmutzigen Lumpen findet, erwecken sein Mitleid, und er läßt prächtige Kleider bringen, ihn zu bedecken, und einen kostbaren Ring steckt er ihm an den Finger und besetzt den Tisch mit köstlichen Speisen und ladet seine Freunde ein zu einem Freudenmahle.

Ach, wenn die Welt ihren Gott kennte, wer wagte es dann, ihn zu beleidigen? Und wenn diejenigen, die ihn beleidigt haben, ihn erkennten, würde noch ein einziger dann zögern, zu seinen Füßen sich hinzuwerfen? Du, der du ihn beleidigt hast, wer du auch immer sein magst, erkenne an ihm wenigstens hernach deinen liebevollen Herrn und verbessere die Fehler deiner Unwissenheit. Erschrick nicht vor ihm, dem Gott der Gerechtigkeit; eile zu ihm, dem Gott der Barmherzigkeit. Wenn er sich dir als einen gerechten Richter jenseits des Grabes zeigt, oh, so ist das kein Beweis von Strenge, sondern ein Kunstgriff seiner väterlichen Liebe, wodurch er dich an sein Herz zieht, weil er in diesem Leben ein zartliebender Vater ist.

„Gott will nicht den Tod des Sünders, sondern daß er sich bekehre und lebe." Die Güte des Allmächtigen schlug für alle ihren Thron auf dieser Erde auf und beruft alle, bei ihr Heil zu suchen. Das Leben ist die dazu bestimmte Zeit. Sie verzeiht einem jeden, der zu ihr seine Zuflucht nimmt. Sie tilgt unsere Schulden und ihre Schätze sind das Lösegeld, welches die höchste Gerechtigkeit für uns fordert. An welchem Tage der Gottlose zu ihr seine Zuflucht nimmt, wird er aufgenommen, geschützt und gerettet. Oh, so fürchte denn ein jeder, aber er fürchte bloß, Gott zu verlassen, nicht, zu ihm zurückzukehren. Keiner ahme dem Augustin nach, der sich von der Liebe Gottes entfernt; wer ihm aber in seinem Irrtum nachfolgte, der werfe sich vor Gott nieder und beweine mit ihm sein Unrecht.